오늘도 나는
마트 간다!

2015년 6월30일 1판1쇄 발행 | 2020년 5월30일 1판5쇄 발행

글 박신식 그림 김미은
회장 나춘호 펴낸이 나성훈 펴낸곳 (주)예림당
등록 제2013-000041호
주소 서울시 성동구 아차산로 153 예림출판문화센터
구매 문의 전화 예림M&B 561-9007 팩스 562-9007
책 내용 문의 전화 3404-9220
http://www.yearim.kr

출판콘텐츠개발본부 이사 백광균
책임 개발 전윤경 / 서인하 사진 김창윤 / 이건무 디자인 이정애 / 김지은
국제 업무 김대원 / 최고은 김혜진 제작 정병문 / 신상덕 곽종수 홍예솔
홍보 마케팅 박일성 마케팅 예림M&B

ⓒ 2015 박신식 예림당

ISBN 978-89-302-6882-0 74320
ISBN 978-89-302-6880-6 74080 (세트)

*이 도서에는 아모레퍼시픽에서 제공한 아리따글꼴이 적용되어 있습니다.

*이 책은 저작권법에 따라 보호받는 저작물이므로 무단 전재와 무단 복제를 금합니다.
 이 책의 표지 이미지나 내용 일부를 사용하려면 반드시 (주)예림당의 서면 동의를 받아야 합니다.

어린이제품 안전특별법에 의한 제품 표시사항

제품명 | 도서   제조자명 | (주)예림당   제조국명 | 대한민국   전화번호 | 02)566-1004
주소 | 서울시 성동구 아차산로 153   제조년월 | 발행일 참조   사용연령 | 8세 이상

주의! 책의 모서리가 날카로우니, 던지거나 떨어뜨려 다치지 않도록 주의하세요.

마트에서 배우는 **경제 이야기**

오늘도 나는 마트 간다!

박신식 글 김미은 그림

과자를 샀나요?
그게 경제 활동이에요!

　집에서 어른들이 '경제가 좋아져야 할 텐데…….' 라고 말씀하시거나 텔레비전 뉴스에서 '경제가 살아야 나라가 삽니다.' 하고 얘기하는 걸 들어 본 적이 있을 거예요. 도대체 경제가 뭐길래 사람들은 그렇게 관심이 많은 걸까요?

　경제는 사람이 생활하는 데 필요한 물건이나 서비스를 만들고 쓰고 나누는 모든 활동을 말해요. 개인이 직장에서 일을 하고 저축하며 소비하는 것, 기업이 제품을 만들고 광고를 하고 팔아서 이윤을 얻는 것, 정부가 경제에 대한 법이나 제도를 만드는 것 모두 경제 활동이지요. 즉, 경제는 사람이 살아가는 데 가장 기본이 되는, 우리 삶과 떼려야 뗄 수 없는 아주 중요한 활동이라고 할 수 있어요.

　그런데 이런 경제 활동은 어른들만 하는 거창한 일이 아니에요. 어린이 여러분들도 일상생활 속에서 날마다 하고 있어요. 심부름을 하거나 과자를 사 먹는 일, 친구의 생일 선물을 고르는 일도 경제 활동이거든요. 그래서 어려서부터 경제에 대해 관심을 가지고, 건전하고 올바른 경제 개념을 갖는 것은 무척 중요해요.

  이 책은 집과 마트에서 경험할 수 있는 이야기를 바탕으로 경제 원리를 풀어냈어요. 이야기를 읽다 보면 돈, 소득, 소비, 가격, 유통, 마케팅, 시장, 생산, 무역, 세금 등의 기본적인 경제 원리와 관련 상식을 자연스럽게 이해할 수 있어요. 그리고 경제가 우리 생활에서 어떤 역할을 하는지도요.

  생생한 경제 현장인 마트에서는 어떤 일이 벌어지고 있을까요? 이 책의 주인공인 다솜이와 함께 즐거운 경제 이야기 속으로 떠나 보세요!

글쓴이 **박신식**

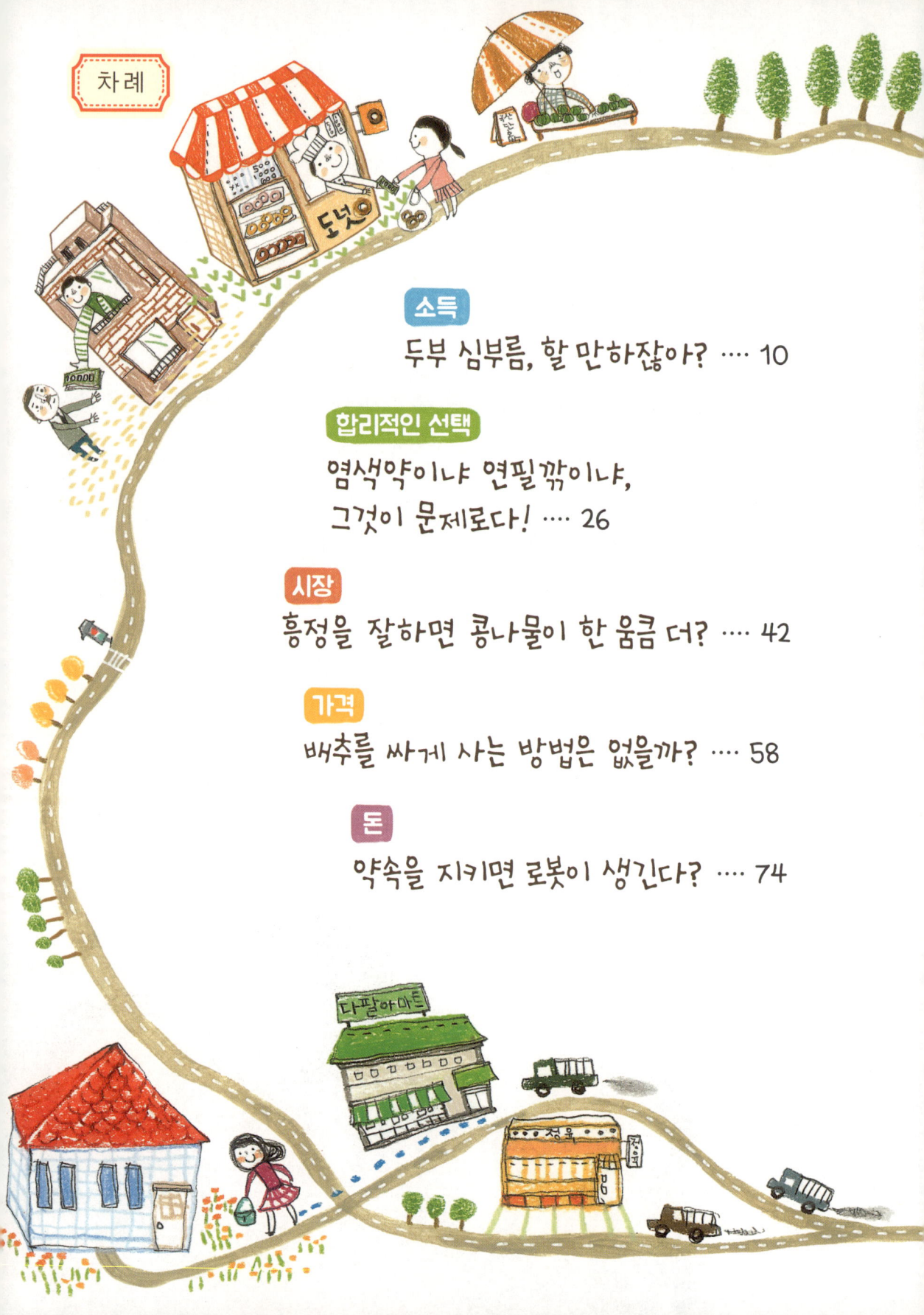

차례

소득
두부 심부름, 할 만하잖아? ···· 10

합리적인 선택
염색약이냐 연필깎이냐,
그것이 문제로다! ···· 26

시장
흥정을 잘하면 콩나물이 한 움큼 더? ···· 42

가격
배추를 싸게 사는 방법은 없을까? ···· 58

돈
약속을 지키면 로봇이 생긴다? ···· 74

세금
과자에도 세금이 붙어 있다니! ···· 90

생산
멋쟁이 아저씨는 빵도 잘 만들어 ···· 106

유통
한우가 삼겹살보다 싸다고? ···· 122

마케팅
딱 하루 싸게 파는 커피를 사야 해 ···· 138

무역
체리 사러 칠레까지? ···· 154

마트에서 배우는 경제 이야기 1

소득

사람이 생활하는 데는 돈이 필요해. 돈은 여러 가지 방법으로 벌 수 있는데, 일정한 기간에 벌어들인 돈을 소득이라고 해. 소득에 대해 좀 더 자세히 알아볼까?

두부 심부름, 할 만하잖아?

"다솜아, 같이 가!"

다솜이가 뒤돌아보니 윤후가 반갑게 손을 흔들고 있었다. 다솜이가 고개를 홱 돌리자 윤후가 다급하게 후다닥 뛰어왔다.

"야, 기다려 주지도 않고 혼자 가냐?"

"말 시키지 마. 빨리 집에 가서 시원한 물 한 잔 마셔야겠어. 오늘따라 왜 이리 목이 마른지……."

다솜이가 마른침을 꿀꺽 삼켰다.

"그래? 내가 시원한 음료수 사 줄까?"

윤후가 호주머니에서 5백 원짜리 동전 여러 개를 꺼냈다.

"어디서 났어? 용돈 탔어?"

"응, 엄마 아빠 심부름해서 벌었어."

"심부름? 난 심부름 정말 싫은데."

다솜이가 이맛살을 잔뜩 찌푸렸다.

"우리 엄마는 왜 내가 텔레비전 볼 때만 심부름을 시키는지 정말 모르겠어. 꼭 일부러 그러는 것 같다니까."

다솜이의 말에 윤후가 피식 웃었다.

"난 심부름하면 소득이 생겨서 좋던데."

'소득? 용돈을 말하는 건가? 뭐냐고 물어보면 그것도 모르냐고 핀잔이나 듣겠지?'

다솜이는 편의점을 발견하고는 걸음을 멈췄다.

"야, 저기 편의점 있다. 빨리 들어가자."

다솜이는 당당하게 편의점 문을 열고 들어갔다. 윤후가 졸래졸래 다솜이의 뒤를 따랐다.

잠시 뒤, 편의점을 나온 다솜이의 표정이 한층 밝아져 있었다. 다솜이는 좋아하는 사과 음료수를 벌컥벌컥 들이켜며 발걸음도 가볍게 집으로 향했다.

"야, 또 혼자 가냐!"

뒤따라 나온 윤후가 종종거리며 다솜이를 쫓아갔다.

"다녀왔습니다!"

다솜이가 집에 도착해 보니 엄마는 벌써 저녁을 준비하고 있었

다. 다솜이는 책가방을 벗어 던지자마자 텔레비전 앞에 앉았다.

"다솜아, 된장찌개 끓이려는데 두부가 없네. 얼른 가서 두부 두 모만 사 와."

엄마가 지갑에서 4천 원을 꺼내 다솜이에게 주었다.

"엄마, 나 지금 막 집에 왔잖아요. 이것만 다 보고 갔다 올게요."

"그럴래? 대신 오늘 저녁은 아주 늦게 먹어도 괜찮지?"

엄마의 새초롬한 눈빛에 다솜이는 어쩔 수 없이 소파에서 몸을 일으켰다.

"다팔아 마트에 가서 국산 콩으로 만든 두부로 사 와. 알았지?"

다솜이는 터덜터덜 집을 나섰다. 다팔아 마트는 이름처럼 정말 없는 게 없어 보였다. 오늘따라 손님도 많았다. 식품 코너에 가자

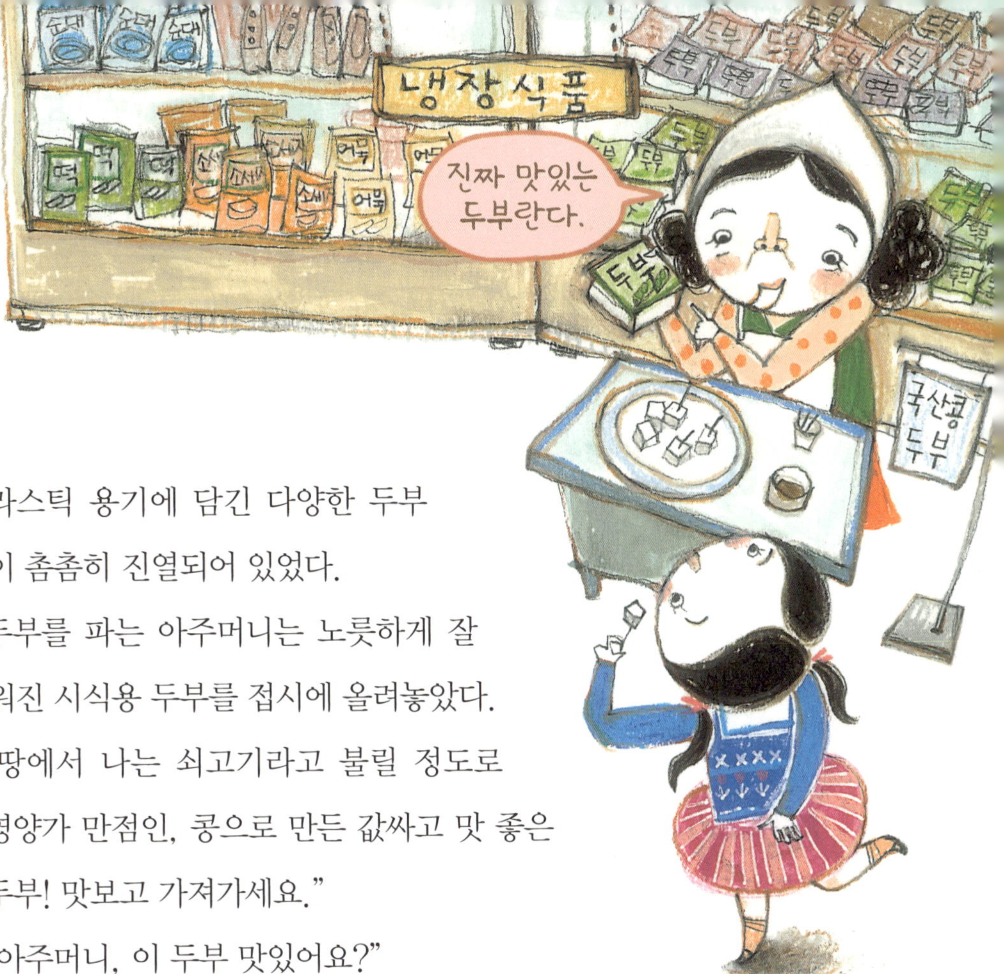
냉장식품
진짜 맛있는 두부란다.
국산콩 두부

플라스틱 용기에 담긴 다양한 두부들이 촘촘히 진열되어 있었다.

두부를 파는 아주머니는 노릇하게 잘 구워진 시식용 두부를 접시에 올려놓았다.

"땅에서 나는 쇠고기라고 불릴 정도로 영양가 만점인, 콩으로 만든 값싸고 맛 좋은 두부! 맛보고 가져가세요."

"아주머니, 이 두부 맛있어요?"

"그럼, 맛있고말고. 자, 먹어 봐."

아주머니가 시식용 두부를 다솜이 입에 쏙 넣어 주었다. 입에 넣고 오물거리자 고소한 두부 향이 입안 가득 퍼졌다. 다솜이는 얼른 두부 하나를 더 집어 먹었다.

"국산 콩으로 만든 두부야. 맛있지?"

5호 사이즈가 있으려나….
모자 50%
양말 500

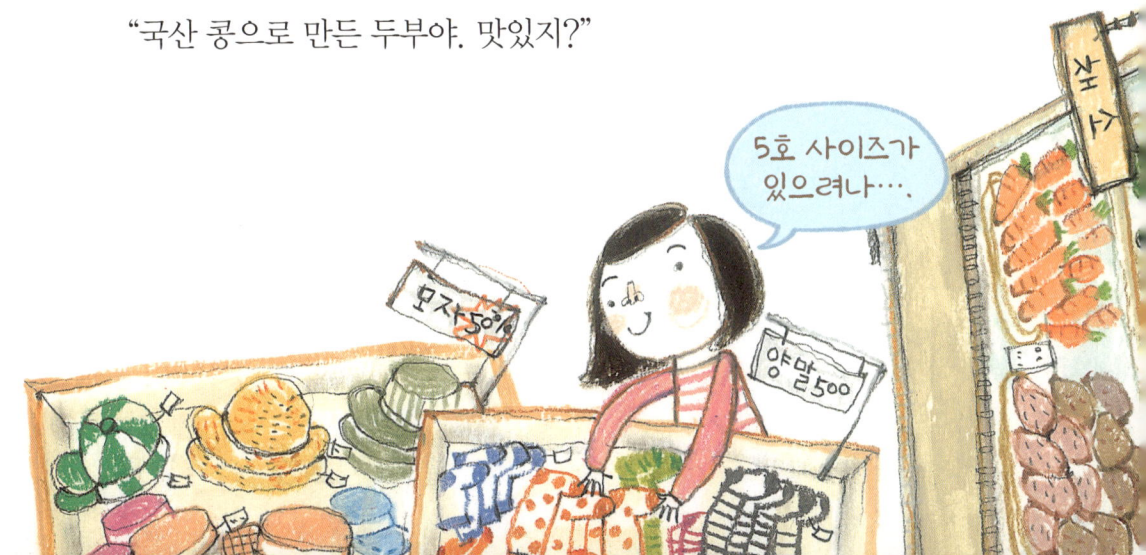

"네, 맛있어요. 이 두부 두 모만 주세요."

"자, 여기 있다. 다음에 또 와."

마트 계산대는 사람들로 북적였다. 한참을 기다리고 나서야 차례가 왔다. 다솜이가 4천 원을 내밀자 계산원이 6백 원을 거슬러 주었다.

'어? 두부 한 모에 1천7백 원이네? 2천 원인 줄 알았는데.'

영수증을 보니 3천4백 원이라고 찍혀 있었다.

다솜이는 집으로 돌아와 엄마에게 두부와 거스름돈 6백 원을 내밀었다.

"고마워, 다솜아. 거스름돈 6백 원은 심부름 값이야. 가져."

엄마가 거스름돈 6백 원을 다솜이에게 다시 건넸다. 다솜이가 머뭇거렸다.

"왜? 너무 적어서 그래? 그럼 말고."

엄마가 6백 원을 호주머니에 넣으려고 하자 다솜이가 엄마 손에서 동전을 재빨리 낚아챘다.

"아니에요. 적기는요. 고맙습니다."

다솜이는 생각지도 못한 6백 원을 보며 웃었다.

'흠, 심부름이 귀찮기만 한 건 아니네.'

다솜이는 6백 원을 책상 서랍 속 작은 상자 안에 넣었다.

'일을 하고 받은 돈이라서 그런지 뿌듯한데? 아껴 써야지.'

다솜이는 혼자 씨익 웃었다.

며칠 뒤, 엄마는 다솜이에게 또다시 두부 심부름을 시켰다.

"거스름돈은 심부름 값이죠?"

엄마가 웃으며 고개를 끄덕이자 다솜이는 텔레비전을 망설임 없이 껐다. 그리고 다팔아 마트의 두부 코너로 곧장 갔다.

"두부는 암, 당뇨, 고혈압 등 성인병에 좋아요. 칼로리도 낮은 편이라 다이어트에도 최고지요."

두부 파는 아주머니는 여전히 두부 자랑을 하고 있었다.

"또 왔구나?"

다솜이가 다가가자 두부 파는 아주머니가 아는 체했다. 다솜이는 고개를 숙여 가볍게 인사를 했다.

"네, 심부름을 하면 엄마가 심부름 값을 주시거든요."

"호호호, 그렇구나. 심부름을 해서 소득을 얻는 거구나."

'소득'이라는 말에 다솜이의 귀가 쫑긋 섰다.

"저번에 제 친구도 그런 말을 했어요. 심부름해서 생긴 돈이 소득이에요?"

"그래, 심부름 값도 소득이지. 내가 두부를 팔아 돈을 버는 것도 소득이고."

아주머니는 지난번처럼 시식용 두부를 다솜이 입에 쏙 넣어 주며 말을 이었다.

"우리가 먹고살려면 돈이 필요하잖니. 어떤 사람은 회사에 다니고, 어떤 사람은 공장에 다니고, 어떤 사람은 농사를 지어서 돈을 벌어. 이렇게 일을 해서 번 돈을 소득이라고 해."

"그렇구나. 그럼 혹시 돈을 쉽게 버는 방법은 없어요?"

다솜이가 진지한 표정으로 묻자 아주머니가 빙긋 웃었다.

"왜 없어, 아주 쉬운 방법이 있지."

"정말요?"

"은행에 돈을 맡기고 이자를 얻을 수도 있고, 건물을 빌려주고 임대료를 받을 수도 있어. 뭐, 그러려면 일단 가진 돈이 엄청나게 많아야겠지만 말이야. 호호호."

아주머니의 너스레에 다솜이가 풋! 하고 웃었다.

다솜이는 한쪽에 진열되어 있는 두부 두 모를 집어 들었다. 한 모에 1천7백 원이라는 가격표를 확인하고 주머니 안에 있는 4천 원을 만지작거리며 미소를 지었다.

'오늘도 6백 원 벌었네.'

"참, 다음에 사러 올 때는 저녁 7시쯤에 와. 그때는 할인해서 한 모에 1천3백 원이니까."

"1천3백 원이라고요? 그러면 나머지가……."
다솜이의 눈이 동그랗게 커졌다.
며칠 뒤, 엄마가 또다시 두부 심부름을 시켰다.
"엄마, 마트 두부 아주머니가 그러는데 7시쯤에 가면 할인해서 두부 한 모에 1천3백 원이래요. 그때 사러 갈게요."
"그래? 마침 아빠도 조금 늦게 온다니까 그렇게 해."
엄마가 기특하다는 듯 다솜이 머리를 쓰다듬어 주었다.
"엄마, 그런데 왜 두부를 그렇게 싸게 팔아요?"
"두부는 금방 상하니까 남는 물건을 싸게 팔아서 없애려는 거지. 우리 마트는 신선한 식품만 판매한다는 좋은 이미지도 심어 줄 수 있고."
다솜이는 마트가 참 신기하다는 생각이 들었다.
"그래도 4천 원 주실 거죠?"
"응? 뭐야, 알뜰하게 사려고 그러는 줄 알았더니 속셈이 따로 있었잖아? 심부름 값을 노린 거였네."
"아이~ 엄마~!"
다솜이가 애교를 부리자 엄마가 피식 웃으며 지갑을 열었다.
"알았어, 알았어. 어, 그런데 5천 원짜리밖에 없네? 어쩐다."
다솜이의 눈이 초롱초롱하게 빛났다.

"좋아, 5천 원 받아. 거스름돈은 모두 심부름 값으로 줄게. 앞으로도 심부름 잘하라고 엄마가 특별히 인심 쓰는 거야."
잠시 뒤, 다솜이는 나는 듯 심부름을 다녀왔다.
"자, 여기 심부름 값!"
'앗싸! 오늘은 2천4백 원이나 벌었잖아? 히히, 신난다!'
다솜이는 심부름 값을 서랍 속 상자에 넣고 흐뭇하게 웃었다.
그 모습을 동생 지민이가 물끄러미 쳐다보았다.

"그거 모아서 뭐하게?"

"내가 사고 싶은 거 내 맘대로 살 거야. 이건 내가 일해서 얻은 내 소득이니까."

"소득? 그게 뭔데?"

"넌 몰라도 돼."

"치, 별것도 아니면서!"

그때 텔레비전에서 뉴스가 흘러나왔다.

"최근 소비가 살아나지 않아 우리나라 경제의 걸림돌이 되고 있습니다."

"에이, 재미없는 뉴스잖아."

지민이가 리모컨으로 채널을 돌리려고 했다.

"지민아, 잠깐만!"

다솜이는 리모컨을 빼앗아 텔레비전 뉴스에 귀를 기울였다.

'소비가 뭐지? 경제하고 관련이 많은가?'

"갑자기 웬 뉴스?"

진지하게 뉴스를 보는 다솜이를 지민이가 이상하다는 듯 쳐다보았다.

두부 아주머니가 들려주는 생생 경제

소득이란 게 정확히 뭐예요?

사람이 생활하는 데는 돈이 필요해. 그럼 돈은 어떻게 벌까? 회사나 공장에서 일한 대가로 월급을 받을 수도 있고, 장사를 해서 돈을 벌 수도 있어. 아니면 은행에 돈을 맡기고 이자를 받거나, 건물이나 땅을 빌려주고 임대료를 받을 수도 있지. 이렇게 다양한 방법으로 '정해진 기간에 벌어들이는 돈'이 소득이야.

회사나 공장에서 일을 해서 월급을 받는다.

장사를 해서 돈을 번다.

건물을 빌려주고 임대료를 받는다.

그냥 받는 용돈도 소득이에요?

아무 일도 하지 않고 받는 용돈은 소득이 아니야. 어떤 일을 하고 그 대가로 돈을 받을 때만 소득이라고 하거든. 그러니까 두부 사 오기 심부름을 하고 그 대가로 용돈을 받은 건 소득인 거야.

용돈을 받을 때 대가 없이 한 달에 얼마, 일주일에 얼마를 받는 것보다는 설거지, 심부름, 구두 닦기, 음식물 쓰레기 버리기 같은 집안일을 하고 나서 그 대가로 용돈을 받는 게 좋아. 그러면 돈의 소중함을 더 잘 알게 되고 경제에 대한 관심도 생길 테니까.

뉴스에서 얘기한 소비는 뭐예요?

두부를 사려면 돈을 내야 하지? 두부를 사고, 텔레비전을 보는 것처럼 돈을 쓰는 게 소비야. 사람들은 생활을 하고 더 나은 환경에서 살기 위해 끊임없이 소비를 해. 식료품비, 의복비, 주거비, 문화비, 난방비 등이 대표적인 소비야.

소득보다 소비가 적어야 남는 돈을 모아서 부자가 될 수 있어!

텔레비전을 보는 게 소비라고요?

생활하는 데 필요한 것 중에는 눈에 보이는 것도 있지만 눈에 보이지 않는 것도 있어. 두부나 음료수처럼 만질 수 있는 물건을 **재화**라고 해. 그리고 의사에게 진료를 받거나 공연을 보는 것처럼 생활을 편리하고 즐겁게 해 주는 일을 **서비스** 또는 **용역**이라고 하지. 네가 텔레비전을 보는 건 서비스를 소비하는 거야. 소비는 경제 활동의 하나야.

재화 — 대가를 주고 얻을 수 있는 물질
바나나
의자
자전거

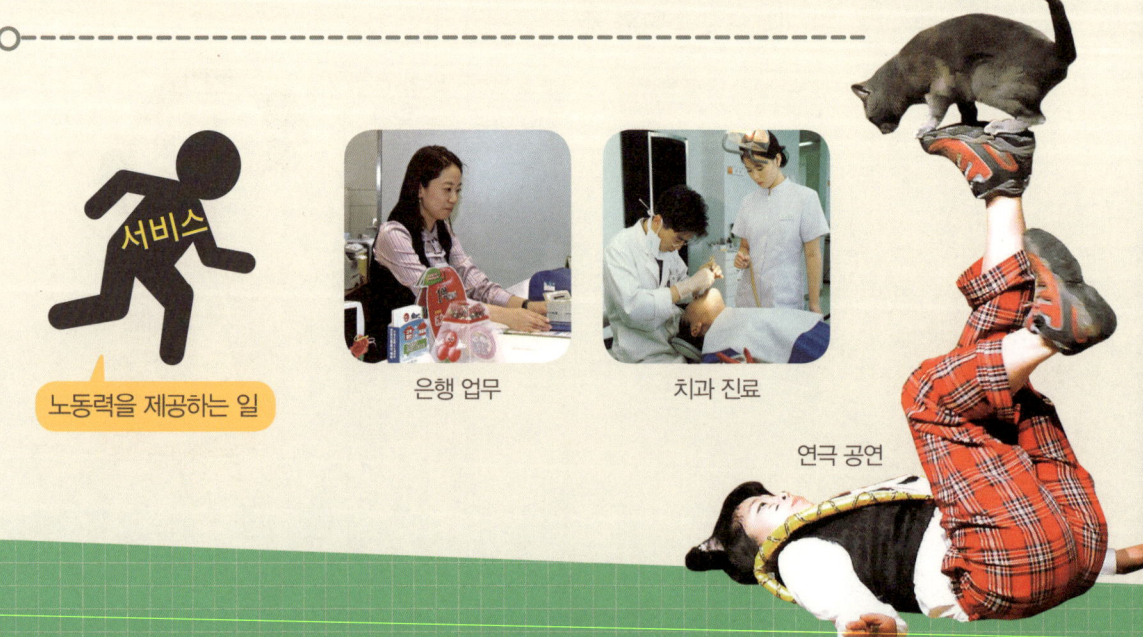

서비스 — 노동력을 제공하는 일
은행 업무
치과 진료
연극 공연

경제 활동은 또 뭐예요?

우리 생활에 필요한 것들을 만들고, 쓰고, 나누는 활동 모두가 **경제 활동**이야. 한마디로 공장에서 물건을 만들고(**생산**), 사람들이 그 물건을 사고(**소비**), 얻은 이익을 사회와 나누는(**분배**) 활동들을 말하지. 네가 마트에서 음료수나 두부를 사는 일, 텔레비전을 보는 일도 엄연히 경제 활동이야.

생산을 통해 얻은 소득은 소비하는 데 써.

생산
재화와 서비스를 만드는 일

경제 활동

분배
이익을 나누는 일

소비
돈을 쓰는 일

마트에서 배우는 경제 이야기 2
합리적인 선택

사람들은 원하는 것을 모두 살 수 없어. 자원과 돈은 한정되어 있으니까. 그래서 물건을 고를 때는 꼭 필요한지, 어떤 것이 더 만족스러운지 등을 잘 생각해야 해.

염색약이냐 연필깎이냐, 그것이 문제로다!

'벌써 이번 주 일요일이 윤후 생일이네. 연필깎이가 얼마더라?'
다솜이는 윤후 생일 선물을 사러 문방구로 향했다. 호주머니에 그동안 모아 둔 만 원도 있겠다, 가격만 맞으면 살 생각이었다. 문방구에 들어서서 자동 연필깎이를 찾아보니 8천 원이었다.
그때 문방구 한쪽에서 여자아이들이 왁자지껄 떠드는 소리가 들렸다.
"방현이 오빠 진짜 멋있지?"
"아냐, 차열이 오빠가 더 멋있어. 난 차열이 오빠 스티커 살래."

다솜이가 살짝 돌아보니, 요즘 인기 최고인 엑스 멤버의 스티커였다. 다솜이도 무척 좋아하는 아이돌 그룹이었다.

그때 문방구 아저씨가 불쑥 아이들 사이에 끼어들었다.

"얘들아, 이거 봤니? 이건 멤버들이 전부 들어 있는 스티커야. 직접 사인한 CD를 받을 수 있는 응모권도 들어 있어. 낱개로 멤버 전부 사면 7천 원인데, 이건 5천 원밖에 안 해."

어느새 아이들 틈에서 스티커를 보고 있던 다솜이는 활짝 웃고 있는 엑스 멤버들의 미소에 이끌려 망설임 없이 만 원을 내고 스티커를 사고 말았다. 거스름돈 5천 원을 받아 문방구를 나오는데 윤후와 딱 마주쳤다.

"다솜아, 뭐 샀어?"

다솜이는 재빨리 스티커를 뒤로 숨겼다.

"아…… 아무것도 아냐."

"내가 뭐 샀는지 알아맞혀 볼까?"

윤후는 다솜이의 얼굴을 뚫어지게 쳐다보았다.

"내 생일 선물이구나? 알았어. 생일 때까지 모른 체할게."

"그게 아니라……."

그때 문방구에서 다급하게 뛰어나오던 아이가 다솜이와 부딪혔다. 그 바람에 손에 들고 있던 스티커가 바닥에 툭 떨어졌다. 스티커를 본 윤후는 실망하는 표정이었다.

"내 선물 아니네?"

"사실은 네 선물 사러 왔는데, 이 스티커가 눈에 확 들어오지 뭐야. 그래서 그만……."

다솜이가 쑥스러운 듯 웃었다.

"어휴, 충동구매 했구나?"

윤후가 나무라는 투로 말했다.

"어쨌든 생일 선물로 연필깎이 준다고 한 거 잊지 마. 알았지?"

윤후의 말에 다솜이는 자기도 모르게 고개를 끄덕였다.

그날 늦은 저녁, 전화벨이 울렸다. 시골에 사시는 할머니였다.

"다솜이니? 이번 주 토요일에 너희 집에 갈 거니까 엄마한테 그렇게 전해 주렴. 아, 그리고 할머니 생일에 다솜이가 염색약 사 준다고 했지? 기대할게, 호호호!"

"예? 예."

다솜이는 얼떨결에 대답을 하고 전화를 끊었다. 잠시 뒤 쓰레기를 버리러 갔던 엄마가 돌아왔다.

"엄마, 방금 할머니가 이번 주 토요일에 우리 집에 오신다고 전화하셨어요. 토요일이 할머니 생신이에요?"

"응, 할머니는 음력으로 생신을 치르시거든. 그래서 생신이 지난해보다 조금 빨라졌어."

'그랬구나. 어쩌지? 윤후 생일과 겹치네.'

다솜이는 방에 들어가 서랍 속 상자를 샅샅이 살폈다. 남은 5천 원을 더해도 8천 원이 조금 넘었다.

'이걸로는 연필깎이 하나만 겨우 살 수 있는데. 아까 괜히 스티커를 샀나 봐. 할머니랑 윤후 선물, 어떡하지?'

다음 날, 다솜이는 다팔아 마트에 갔다. 생필품 코너에서 두리번거리고 있는데, 마트 직원 조끼를 입은 아주머니가 다가왔다.

"뭐가 필요하니?"

"염색약요. 저희 할머니 생신 선물로 드리려고요."

아주머니는 친절하게 염색약이 있는 곳으로 데려다주었다.

"할머니는 참 좋은 손녀를 두셨구나."

아주머니의 칭찬에 다솜이의 얼굴이 빨개졌다.

다솜이는 염색약 아래쪽에 붙어 있는 가격표를 보고 실망했다. 6천 원이었다.

'염색약이 이렇게 비쌌나? 염색약을 사면 2천 원밖에 안 남는데, 윤후 생일 선물은 어떡하지?'

"저기, 좀 더 싼 건 없어요?"

다솜이가 곤란한 얼굴로 아주머니에게 물었다.

"염색약은 이게 제일 싼 거야. 아니면 손에 바르는 핸드크림은 어떠니? 할머니가 좋아하실 거야. 가격도 염색약보다 싸고."

"핸드크림은 동생이 준비했어요."
다솜이는 머릿속이 복잡했다.
"실은 할머니 염색약도 사야 하고 친구 생일 선물도 사야 하는데, 돈이 많이 모자라요."
"그럼 저렴한 선물로 사야겠구나. 뭐가 좋을까?"
"그런데 할머니랑 친구한테 염색약이랑 연필깎이를 사 주겠다고 이미 약속을 해 버렸어요."
다솜이가 한숨을 푹 내쉬었다.
"친구냐, 할머니냐, 그것이 문제로다!"
아주머니는 연극배우처럼 진지한 표정으로 말했다.

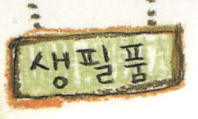

"결정을 해야겠구나. 친구 선물을 사든가 할머니 선물을 사든가 말이야. 아무래도 덜 후회하는 쪽을 선택해야겠지?"

그때 한 청년이 아주머니에게 자동차 용품 코너를 물었다. 아주머니가 다른 손님을 도와주러 간 뒤에도 다솜이는 염색약 코너에 한참을 서 있었다. 오랜 고민 끝에 다솜이는 드디어 마음의 결정을 내렸다.

'그래, 할머니가 어른이시니까 우선 할머니 염색약을 사자!'

토요일이 되자, 오랜만에 다솜이네 집이 친척들로 북적거렸다. 부산과 전주에서 작은아빠와 고모네 식구들이 올라와 할머니 생신을 함께 축하했다.

"이제 염색을 해도 되겠다."

늦은 저녁, 친척들이 다 돌아가고 난 뒤 다솜이가 할머니께 염색을 해 드렸다. 까만 머리의 할머니는 훨씬 더 젊어 보였다.

"다솜이 덕분에 10년은 젊어졌네. 호호호! 고맙다, 다솜아."

할머니가 기뻐하는 모습을 보고 다솜이는 염색약 사기를 잘했다는 생각이 들었다. 하지만 다음 날, 할머니가 집으로 돌아가고 나자 걱정이 마구 밀려왔다.

'그나저나 윤후한테는 뭐라고 하지?'

아니나 다를까, 윤후에게서 전화가 왔다.

"다솜아, 이따 12시까지 우리 집에 오면 돼."

"윤후야, 있지, 내가 좀 아픈데……, 그래서 생일잔치에 못 갈 것 같아."

다솜이는 일부러 힘없는 목소리로 말했다.

"그래? 많이 아파? 아프면 안 되지. 그러니까 우리 집에 와서 맛있는 거 먹고 빨리 나아. 알았지? 이따 꼭 보자!"

윤후는 다솜이가 일부러 꾀병을 부리는 걸 아는지 밝은 목소리로 전화를 끊었다.

다솜이는 엄마에게 다가가 울상을 지었다.

"엄마, 할머니 선물 사느라 윤후 생일 선물을 못 샀어요. 그래서 말인데, 다음 달 용돈 좀 미리 주시면 안 돼요?"

다솜이가 어렵게 이야기를 꺼냈다.

"글쎄. 그건 안 되겠는데? 친구 생일 선물은 네 용돈 안에서 해결하기로 했잖아. 아니면 네가 산 스티커를 선물로 주든가. 윤후 맘에 들지도 모르잖아?"

엄마는 놀리듯 말했다.

"누나, 엑스 멤버들 찾아가서 부탁해 봐. 엑스 때문에 친구 생일 선물을 못 샀으니까 책임지라고 말이야. 히히히!"

다솜이는 불난 데 부채질하는 지민이가 얄미워 있는 힘껏 노려보았다. 하지만 그런다고 상황이 바뀌는 건 아니었다.

시간이 자꾸 흘러 12시가 가까워졌다. 다솜이는 2천 원을 만지작거리다 문방구에서 예쁜 편지지를 하나 샀다. 편지지에 충동구매를 해서 미안하다는 말과 남은 돈으로 할머니 생일 선물을 사고 말았다는 것, 생일을 진심으로 축하한다는 글을 정성스럽게 썼다. 그러고는 쭈뼛쭈뼛 윤후네 집으로 갔다.

윤후네 집에는 이미 친구들이 많이 와 있었다. 거실 한쪽에 생일 선물들이 잔뜩 놓여 있었다.

"다솜아, 와 줘서 고마워!"

윤후가 반기자 다솜이는 쑥스러운 듯 편지를 내밀었다.

"고마워. 편지는 이따 읽어 볼게. 어서 들어와."

윤후는 다솜이를 케이크가 놓인 상 가운데 앉혔다. 다 같이 생일 축하 노래를 부르고 맛있는 음식을 먹는 동안 다솜이는 마음 한구석이 커다란 돌덩이가 들어앉은 것처럼 무거웠다.

다음 날, 다솜이는 윤후에게 편지를 받았다. 윤후의 편지는 무거웠던 다솜이의 마음을 가볍게 해 주었다.

며칠 뒤, 용돈을 받는 날이었다. 그런데 엄마가 용돈 대신 다솜이에게 통장과 도장을 내밀었다.

"이 통장에 용돈을 넣어 뒀어. 필요할 때 조금씩 꺼내 쓰면 돼."

"제가 또 충동구매 할까 봐 그런 거죠? 헤헤, 이제부터는 꼭 사야 하는 물건인지 꼼꼼히 따져 보고 살게요."

"우리 딸, 다 컸네."

엄마는 활짝 웃으며 다솜이 머리를 쓰다듬어 주었다.

염색약 아주머니가 들려주는
생생 경제

돈을 벌기만 하고 쓰지 않으면 어떻게 돼요?

소비를 아예 안 하는 게 좋다고 생각하는 사람들도 있어. 돈을 아낄 수 있으니까. 그런데 만약 아무도 염색약을 사지 않는다면 어떻게 될까? 염색약 회사는 문을 닫을 테고, 결국 경제 활동이 이루어지지 않게 될 거야. 그래서 **소비는 꼭 필요한 일**이야. 다만 합리적인 선택으로 적당하게 소비하는 지혜가 필요해.

염색약을 사지 않는다.

소비를 안 하면 경제 활동이 이루어지지 않는다.

염색약 회사는 돈을 벌 수 없어 직원에게 월급을 못 준다.

소득이 줄어들어 소비를 할 수가 없다.

합리적인 선택이 뭐예요?

가정에서 벌어들이는 소득이나 쓸 수 있는 돈은 대부분 한정되어 있어. 원하는 것을 모두 가질 수 없기 때문에 포기해야 하는 게 생기지. 그래서 **합리적인 선택**을 해야 해.

합리적인 선택이란 가장 적은 돈으로 가장 만족스러운 것을 선택하는 걸 말해. 염색약을 사는 것의 만족도가 90이고, 연필깎이를 사는 것의 만족도가 60이라면 염색약을 사는 것을 선택하는 것이 합리적인 선택인 거야. 이때 기회비용을 따져 보면 좀 더 쉬워.

기회비용요?

연필깎이와 염색약 중 하나를 골라야 하는 상황에서 고민 참 많이 했지? '어느 한 가지를 선택함으로써 포기하게 되는 것의 가치'를 **기회비용**이라고 해. 쉽게 말해서, 네가 염색약을 선택했을 때 포기하게 된 연필깎이가 바로 기회비용이 되는 거지.

기회비용이 가장 적은 것을 선택하는 것이 가장 큰 만족을 얻을 수 있는 합리적인 선택이야.

엄마는 왜 통장을 만들었을까요?

윤후 선물을 사려고 용돈을 계속 모았었지? 이렇게 미래를 위해 돈을 쓰지 않고 모아 두는 것을 저축이라고 해. 그런데 저축한 돈을 쉽게 꺼내 쓸 수 있으면 스티커를 샀을 때처럼 충동적으로 물건을 사거나 과소비를 할 수 있어. 그래서 엄마가 통장을 만들어 주신 거야. 은행에 맡겨 두면 필요할 때 찾아 써야 하니까 소비를 줄일 수 있어.

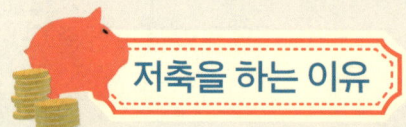
저축을 하는 이유

큰돈이 필요할 때 쓸 수 있다.

예상치 못한 사고에 대비할 수 있다.

미래에 대비할 수 있다.

나이가 들어도 걱정이 없다.

은행은 무슨 일을 해요?

우리가 쉽게 접하는 은행은 일반 은행이야. 은행이 사람들의 돈을 맡아 준다고 했지? 이걸 **예금**이라고 해. 돈이 필요한 개인이나 기업에 돈을 빌려주기도 하는데, 그건 **대출**이라고 하지. 일반 은행은 멀리 떨어져 있는 사람에게 돈을 보내는 **송금**도 하고, 외국 돈과 관련된 **외환** 업무도 해. 또 전기료 같은 **공과금**을 대신 받아서 처리해 주는 일도 하고, 금융 상품이나 보험 상품을 팔기도 해.

그럼 다른 은행도 있어요?

은행은 크게 **중앙은행**, **일반 은행**, **특수 은행**으로 구분해.
　중앙은행은 각 나라 금융의 중심이 되는 은행인데, 나라마다 하나씩 있어. 우리나라의 중앙은행은 **한국은행**이야. 우리나라 화폐를 발행하고 물가를 안정시키고 경제 정책을 정하는 일을 해. 일반 예금이나 대출 업무는 하지 않아.
　일반 은행은 우리가 흔히 아는 은행이야. 국민, 우리, 하나, 외환 은행 등의 '시중 은행'과 대구, 광주, 부산 은행 등 지방의 금융을 원활히 하기 위해 설립된 '지방 은행'을 말해.
　특수 은행은 특수한 목적을 위해 설립된 은행이야. 기업의 수출입 업무를 지원하는 한국수출입은행, 중소 기업의 활성화를 돕는 중소기업은행 등이 있어. 농협, 수협, 신협 등도 특수 은행에 속해.

마트에서 배우는 경제 이야기 3

시장

'시장' 하면 재래시장이 먼저 떠오르지? 그런데 경제 용어에서 시장은 물건이나 서비스를 사고파는 모든 곳을 말해. 마트나 백화점, 편의점 등도 시장인 거지.

흥정을 잘하면 콩나물이 한 움큼 더?

"다솜아, 이거 선물."

윤후가 히죽 웃으며 다솜이에게 작은 화분 하나를 건넸다.

"아이비라고 하는데, 실내 공기를 정화하는 식물이래."

"이 작은 게 공기를 깨끗하게 한다고?"

다솜이가 아무래도 못 미덥다는 듯 말했다.

"그래, 그러니까 죽이지 말고 잘 키워. 실내에서 식물을 키우면 스트레스 해소도 되고 정서적으로도 안정된다니까."

"뭐야? 마치 내가 스트레스도 많고 정서적으로 불안하다는 소리로 들리는데?"

"아니야, 아니야."

다솜이가 쏘아보자 윤후가 손사래를 쳤다.

"그나저나 웬 화분이야?"
"어제 엄마 아빠랑 화분 사러 꽃 시장에 갔거든. 거기서 샀어."
"꽃 시장?"
"응, 주로 꽃을 파는 시장인데, 꽃이랑 화분이 엄청나게 많더라. 평생 볼 꽃은 다 본 것 같아."
윤후가 즐거운 표정으로 말했다.
"어쨌든 잘 키워 볼게. 네가 내 말을 잘 안 들으면 그때마다 한 잎씩 떼어 버릴 거야!"
"뭐라고?"
다솜이와 윤후는 투닥투닥 장난을 치며 집으로 향했다.

집에 와 보니 엄마가 지저분해진 베갯잇을 만지작거리고 있었다. 엄마는 고민 끝에 베갯잇을 새로 사야겠다고 했다.
"다팔아 마트 가게요?"
"글쎄, 마트에 베갯잇이 있을지 모르겠네."
"그럼 다팔아 마트라고 하면 안 되죠. '없는 건 안 팔아 마트'로 이름을 바꿔야 하는 거 아니에요?"
다솜이의 말에 엄마가 후후 웃었다.
"이따가 재래시장에 가 보려고. 같이 갈 사람?"
엄마의 말에 다솜이와 지민이가 손을 번쩍 들었다.

　재래시장에 들어서자 골목길 양쪽으로 가게들이 죽 늘어서 있었다. 사람들도 많아 북적였다.
　엄마는 먼저 이불 가게에서 주인아주머니가 추천해 준 나무 그림이 그려진 베갯잇을 샀다.
　"엄마, 재래시장도 크네요. 사람들도 많고요."
　"그렇지? 예전에 대형 마트가 없었을 때는 모두 재래시장에서 장을 봤어. 뭔가 더 흥겹지 않니?"
　엄마와 다솜이는 밝은 표정으로 재래시장을 둘러보았다. 지민이가 제일 신이 난 것 같았다. 강아지처럼 폴짝폴짝 뛰어다녔다.

엄마는 멸치 가게에 들렀다. 다솜이는 수많은 멸치 상자를 보고 눈이 휘둥그레졌다. 상자마다 종류와 가격, 원산지가 적힌 작은 푯말이 꽂혀 있었다.

"와! 멸치 정말 많다."

지민이도 멸치들을 보고 입을 쩍 벌렸다.

"아저씨, 멸치 종류가 왜 이렇게 많아요?"

"그야, 여기가 시장이니까. 어부들이 멸치를 잡으면 중간 상인들이 여기까지 가지고 와. 바닷가에서 전부 팔 수 없으니까 사람들이 많이 모이는 시장으로 가져오는 거지. 그래서 전국 곳곳의 다양한 멸치가 여기 이렇게 모이게 된 거야."

아저씨가 시원시원하게 설명해 주었다.

"근데 너무 많으니까 고르기 어려울 것 같아요."

"멸치를 어디에 쓸지, 얼마짜리를 살지에 따라 선택하면 돼."

아저씨가 엄마를 쳐다보자, 엄마가 빙그레 웃으며 말했다.

"멸치 볶음 하려고 하는데 어떤 게 좋아요?"

"볶음용은 작은 멸치가 좋지요."

아저씨는 손톱만 한 멸치가 들어 있는 상자들을 가리켰다.

"이것저것 맛보고 골라 보세요."

엄마는 멸치를 몇 개씩 집어서 오물오물 먹어 보았다. 다솜이와 지민이도 엄마를 따라 멸치를 집어 먹었다.

"여기 이 멸치가 짠맛도 덜하고 고소하네요. 이걸로 5천 원어치 주세요."

엄마의 말에 아저씨가 봉지에 멸치를 담았다. 엄마는 지갑에서 돈을 꺼내 건네려다가 멈칫거렸다.

"아휴, 조금 더 담아 주시지……."

엄마는 일부러 서운한 체하며 눈웃음을 지었다.

"이렇게 덤으로 주면 남는 게 없는데……."

아저씨는 씩 웃으면서 멸치 한 움큼을 더 넣어 주었다. 그러자 엄마가 활짝 웃으며 돈을 건넸다.

"엄마, 재래시장에서는 더 달라고 하면 더 줘요?"

"응, 파는 사람이나 사는 사람이 흥정을 많이 해."

"흥정이 뭐예요?"

지민이가 고개를 갸웃거리며 물었다.

"물건을 사고팔 때 값을 조정하는 거야. 원래 가격에서 조금 더 깎을 수도 있고, 같은 값에 물건을 조금 더 달라고 할 수도 있어. 물론 서로가 기분 상하지 않는 선에서 말이야."

"방금 엄마처럼요? 엄마가 흥정해서 아저씨가 멸치를 한 주먹이나 더 주셨잖아요. 히히."

다음에는 콩나물 가게에 들렀다.

"아저씨, 콩나물 천 원어치만 주세요."

콩나물 가게 아저씨가 콩나물시루에서 콩나물을 손으로 한 움큼 뽑아 봉지에 담았다. 다솜이는 마트에서 포장된 콩나물만 보다가 시루에 있는 콩나물을 사는 게 신기했다.

엄마는 돈을 건네며 아저씨에게 말했다.

"우리 애들이 콩나물 정말 좋아하거든요. 조금만 더 주시면 안 돼요?"

엄마가 이번에는 애교스러운 말투로 말했다. 엄마의 말에 아저씨가 다솜이와 지민이를 번갈아 쳐다보았다. 다솜이는 얼떨결에 방긋 웃어 보였다.

"아이고, 우리 공주님 왕자님 키 쑥쑥 크라고 아저씨가 좀 더 줘야겠네. 허허."

아저씨는 콩나물을 한 움큼 더 쥐어서 봉지에 넣었다.

"고맙습니다."

다솜이는 꾸벅 인사를 했다.

그때 지민이가 엄마의 소매를 바짝 끌어당겨 어디론가 데려갔다. 아까부터 눈여겨보던 소시지를 파는 곳이었다.

"수제 소시지 맛보세요. 밥반찬으로, 간식으로 최고입니다!"

소시지를 파는 아주머니가 힐끗 지민이를 보더니 더 목소리를 높여 말했다.

"원래 다섯 개에 만 원인데, 8천 원에 드릴게요. 지금 안 사면 후회하실 거예요!"

엄마는 선뜻 만 원을 꺼냈다. 그러자 아주머니가 포장된 소시지를 건네고, 2천 원을 거슬러 주었다.

"엄마, 이건 덤으로 주는 거 없어요?"

지민이가 엄마를 쳐다보며 물었다.

"대신 2천 원 깎아 주셨잖아."

"엄청 맛있어 보인단 말이에요. 좀 더 달라고 해요, 네?"

지민이가 엄마를 조르는 소리에 소시지 아주머니가 풋 하고 웃었다.

"에라, 오늘 기분 좋아서 아줌마가 하나 더 주마! 맛있게 먹고 다음에 또 와라, 알았지?"

지민이는 소시지 한 개를 더 받고는 활짝 웃었다.

저녁에 콩나물국과 멸치 볶음, 소시지 달걀부침이 식탁 위에 올라왔다.

"이야, 콩나물국도 맛있고 멸치 볶음이랑 소시지도 맛있네. 당신 요리 솜씨는 나날이 느는 것 같아."

아빠가 넌지시 엄마를 쳐다보며 칭찬을 했다.

"치, 엄마만 여우인 줄 알았는데 아빠도 여우 같아요."

느닷없는 지민이의 말에 아빠와 엄마가 지민이를 쳐다보았다.

"아까 시장에서 엄마가 멸치랑 콩나물 살 때 여우처럼 말하면서 더 달라고 했잖아요."

"내가 그랬었나?"

엄마가 멋쩍은 듯 얼굴을 붉혔다.

"그래, 엄마가 얼마나 흥정을 잘하는데! 시장에서 값을 깎거나 덤을 얻는 건 최고지. 그런데……."

아빠가 말을 꺼내려다 얼른 입을 막았다.

"그런데 뭐예요? 무슨 말이 하고 싶은 거예요?"

엄마가 다그치듯 아빠에게 물었다.

"그런데……, 비싼 가방 살 때는 한 푼도 못 깎는다는……."

순간 엄마의 얼굴이 붉으락푸르락해지자, 아빠가 슬쩍 말꼬리를 흐렸다.

"애들아, 어서 반찬 좀 먹어 봐. 너희 엄마 요리 솜씨는 정말 최고 아니냐?"

은근슬쩍 넘어가려는 아빠의 모습에 다솜이와 지민이가 웃음을 터뜨렸다.

콩나물 아저씨가 들려주는 생생 경제

시장은 왜 생겨났어요?

아주 먼 옛날에는 생활에 필요한 것을 자신이 직접 기르고 만들어 썼어. 그러다가 쓰고 남는 물건을 다른 사람이 가진 물건과 바꾸어 썼는데, 이런 걸 **물물 교환**이라고 해. 그런데 필요할 때마다 물건을 구하는 게 쉽지 않았어. 그래서 정해진 날짜에 정해진 장소에서 물건을 사고파는 **시장**이 생겨났고, 사람들은 시장에서 필요한 물건을 구하게 됐어.

시장이 언제 처음 생겼는데요?

시장이 언제 처음 생겼는지는 정확하게 알 수 없어. 다만 기록에 남아 있는 **최초의 시장**은 《삼국사기》에 나온 '경사시'라는 시장이야. 490년, 신라의 수도였던 경주에서 열렸어. '처음으로 서울에 시장을 열어 사방의 물화를 통하게 하였다.'라고 나와 있어. 이후에 시장이 더 생겼고, 시장을 관리하는 관청도 있었다고 해.

하지만 이건 신라 시대에 나라에서 세운 최초의 시장에 관한 기록이고, 아마 이보다 훨씬 이전부터 시장이 발달해 왔을 거야.

시장에는 어떤 종류가 있어요?

물건을 사고파는 시장은 열리는 때나 파는 물건, 사는 사람 등에 따라 다양하게 나눌 수 있어.

열리는 때에 따라

정기 시장
정해진 날짜에 열린다. 3일에 한 번 열리는 3일장, 5일에 한 번 열리는 5일장 등이 있다.

상설 시장
매일 열리는 시장으로, 요즘에는 상설 시장이 많아 편하게 시장을 이용할 수 있다.

안성 5일장

시장의 종류

파는 물건에 따라

어떤 물건을 전문적으로 파는지에 따라 시장 이름이 정해진다. 꽃 시장, 의류 시장, 가구 시장, 농산물 시장, 수산물 시장, 한약재 시장 등 다양한 **전문 시장**이 있다.

수산물 시장

사는 사람에 따라

도매 시장
중간 상인들이 물건을 한꺼번에 많이 사기 때문에 가격이 좀 더 싸다.

소매 시장
소비자가 필요한 만큼 물건을 낱개로 구입할 수 있다.

농수산물 도매 시장

재래시장은 어떤 곳이에요?

재래시장은 옛날부터 있던 시장을 말해. 요즘엔 전통 시장이라고도 해. 도시의 재래시장은 대개 매일 열리는 상설 시장이야. 시골의 재래시장은 3일장, 5일장 같은 정기 시장이 대부분인데, 수레나 바닥에 물건을 늘어놓고 파는 상인들도 많고, 각 고장의 독특한 모습도 엿볼 수 있어. 재래시장에서는 값을 깎거나 덤을 얻으려는 사람들이 흥정하는 모습을 종종 볼 수 있어.

싱싱한 과일이 참 많구나~

도시의 상설 시장, 망원 시장

마트도 시장이에요?

넓은 의미로 보면 마트나 백화점도 물건을 사고파는 곳이니까 시장이라고 할 수 있어. 요즘은 도시에 재래시장보다 **대형 마트**가 많아. 식품부터 가전제품까지 다양한 상품을 살 수 있는 데다 주차장도 넓어서 이용하기 편리하거든.

또 **TV 홈쇼핑**이나 **인터넷 쇼핑, 모바일 쇼핑** 같은 시장이 생겨나면서 직접 가지 않고 필요할 때 집에서 편리하게 물건을 살 수 있게 되었어.

새로운 시장들이 생겨나면서 요즘에는 재래시장이 점점 설자리를 잃고 있어.

경제 탐구 — 놀이공원도 시장이다?

물건을 사고파는 곳뿐만 아니라 서비스를 사고파는 곳도 시장이다. 의료 서비스가 이루어지는 병원은 의료 시장, 법률에 대한 서비스를 제공하는 변호사 사무실은 법률 시장, 은행이나 보험 회사 등의 금융 서비스가 이루어지는 곳은 금융 시장, 주식을 사고파는 증권사는 주식 시장이다. 놀이공원도 놀이 시설을 이용해 즐거움을 주는 서비스를 제공하기 때문에 시장이라고 할 수 있다.

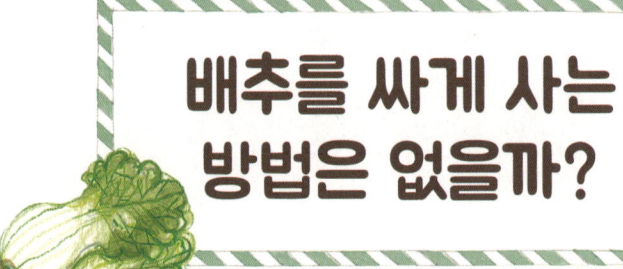

배추를 싸게 사는 방법은 없을까?

"김장철이 되니까 배춧값이 또 오르네요."
"여름에 비가 많이 와서 피해가 컸나?"
아빠와 엄마가 아침부터 신문을 보며 이야기를 나누었다.
"엄마, 배춧값이 얼마나 하는데요?"
다솜이가 대화에 끼어들었다.
"지금은 많이 올라서 배추 한 포기에 4천 원이나 해. 평소 같으면 2천 원도 안 할 텐데."
"4천 원이라고요? 배추가 그렇게 비싸요? 그럼 김장 담그지 말고 그냥 김치 사 먹으면 안 돼요?"
다솜이의 말에 엄마가 빙긋 웃었다.
"그래도 되지. 그런데 김칫값도 만만치 않거든."

그날 오후, 다솜이는 엄마와 함께 다팔아 마트에 갔다. 채소 코너에는 배추가 산더미처럼 쌓여 있었다. 배추 사이로 한 포기에 4천 원이라는 가격표가 보였다.

배추 파는 아저씨가 확성기를 들고 사다리에 올라 배추 자랑을 늘어놓고 있었다. 머리 모양이 배추 같아서 다솜이는 피식 웃고 말았다.

"산지에서 방금 뽑아 온 싱싱한 배추! 칼슘과 비타민C가 많은 섬유질의 왕, 배추! 김치로 담그면 영양소가 더욱 풍부해집니다. 조금 비싸다고 지나치지 마시고 꼭 사서 김장하세요."

배추 아저씨는 커다란 칼을 들어 배추 하나를 쩍 갈라 보였다.

"자, 배춧속이 노랗게 꽉 찬 거 보이시죠? 김장 배추로는 제격입니다."

배추 아저씨는 노란 배춧잎을 뜯어 오물오물 씹었다.

"맛도 달콤합니다. 꿀맛이 따로 없네요."

아저씨의 재치 있는 말에 사람들이 몰려들었지만 선뜻 사는 사람은 없었다.

"아휴, 배추가 너무 비싸네."

"배춧값이 왜 이리 뛰었대?"

"좀 지나면 배추가 더 많이 나올 테니까 값이 지금보다 떨어질지도 몰라."

사람들은 이러쿵저러쿵 배춧값에 대한 이야기를 나누었다. 다솜이 엄마도 구경만 하고 결국 사지는 않았다.

며칠 뒤, 다솜이가 하굣길에 다팔아 마트 앞을 지나는데, 커다란 현수막에 배추 가격이 4천5백 원이라고 쓰여 있었다. 그새 5백 원이나 오른 것이다.

여전히 배추 아저씨가 목소리를 높여 배추를 팔고 있었다. 사람들은 배춧값을 보고는 발걸음을 돌렸다.

'어? 가격이 왜 또 올랐지?'

다솜이는 배추 더미 앞에 서서 고개를 갸웃거렸다.

"배추 안 살 거면 얼른 집에 가라. 엄마가 기다리시겠다."

다솜이가 계속 쳐다보자 배추 아저씨가 손을 휘휘 내저으며 귀찮다는 듯이 말했다.

"아저씨, 며칠 전만 해도 4천 원이었는데 오늘은 왜 4천5백 원이에요?"

아저씨는 배추를 살펴보기만 할 뿐, 다솜이의 말에 대꾸하지 않았다.

"이거 아저씨 마음대로 비싸게 파는 거예요?"

다솜이가 좀 더 큰 목소리로 또다시 묻자, 아저씨가 얼굴을 붉혔다.

"가격은 내 맘대로 정하는 게 아니야. 알았니?"

"그럼 어떻게 정하는데요?"

다솜이가 정말 궁금하다는 듯 아저씨를 말똥말똥 쳐다보았다.
"아휴, 끈질긴 꼬맹이네. 그럼 아저씨가 설명할 테니 잘 들어 봐."

가격은 사려는 사람보다 물건이 많으냐 적으냐에 따라 결정돼. 배추가 100포기 있는데 사려는 사람이 많아서 150포기가 필요해. 그럼 어떻게 될까?

몰라요.

배추를 파는 사람들은 배춧값을 올려. 사람들은 값이 비싸도 배추를 사려고 할 테니까. 이제 알겠지? 어서 집에 가.

나빴어. 그렇다고 배춧값을 올려서 팔면 어떡해요?

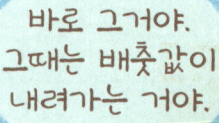

그날 저녁, 엄마는 배추는 못 사도 김장 재료라도 사야겠다며 다팔아 마트에 갔다. 다솜이도 따라나섰다. 배추 아저씨는 아직 배추를 많이 팔지 못한 것 같았다.

채소 코너에는 수염뿌리가 그대로 달린 흙 묻은 통마늘이 켜켜이 쌓여 있었다. 엄마는 마늘 가격표를 보고 깜짝 놀랐다.

"마늘값이 정말 싸네요?"

"김장철이라고 마늘이 너무 많이 나왔어요. 마늘 가격이 내려서 농민들 손해가 이만저만이 아니라네요."

마늘을 파는 아주머니가 안됐다는 듯 말했다.

"저라도 마늘을 많이 사야겠어요."

엄마의 말에 아주머니가 고개를 끄덕였다. 그때 다솜이의 눈에 껍질을 벗겨 놓은 마늘이 보였다.

"엄마, 저기 껍질 까 놓은 마늘로 사요. 그럼 편하잖아요."

"저건 좀 더 비싸. 물에 불리면 쉽게 깔 수 있으니까 엄마가 하면 돼."

다솜이가 가격을 비교해 보니, 깐 마늘은 1킬로그램에 5천 원인데 까지 않은 마늘은 1킬로그램에 3천 원이었다.

엄마는 양파, 쪽파, 갓, 미나리, 청각 등을 더 사고서 이번에는 젓갈을 골랐다. 이것저것 살펴보다가 가장 비싼 것을 골랐다.

"엄마, 젓갈은 왜 제일 비싼 걸로 사요?"

"무조건 싸다고 좋은 건 아니야. 좋은 재료로 만들어야 맛 좋은 김치가 되는 거지."

엄마는 잘게 빻은 고춧가루도 샀다. 고춧가루 빛깔이 고왔다.

"역시 태양초가 최고야."

이것저것 꼼꼼하게 따지며 사는 엄마의 모습이 다솜이는 유난히 멋있어 보였다.

며칠 뒤, 신문 사이에 다팔아 마트 전단이 끼어 있었다. 전단에는 배추 깜짝 세일을 한다고 적혀 있었다.

"엄마! 엄마! 이것 좀 보세요. 토요일 아침 10시부터 배추를 한 포기당 2천5백 원에 판대요. 한 사람당 5포기씩 살 수 있다니까 우리도 가서 사요."

다솜이는 뭔가 큰일이라도 난 것처럼 호들갑을 떨었다.

"글쎄……. 사람들이 엄청나게 몰릴 텐데 살 수 있을까? 그래도 한번 가 봐야겠지?"

엄마의 말에 나솜이가 재빨리 고개를 끄덕였다.

토요일이 되자, 다솜이는 아빠와 함께 아침 일찍 다팔아 마트에 갔다. 마트 앞에는 벌써 많은 사람들이 길게 줄을 서 있었다. 배추 아저씨가 사람들에게 번호표를 나누어 주고 있었다.

"아직 30분이나 남은 것 같은데……."
"말도 마세요. 10시에 판매 시작인데, 저기 앞쪽에 있는 사람들은 7시부터 와서 기다렸어요."
배추 아저씨가 아빠에게 번호표를 주면서 말했다.
"어쩌면 80번 이상은 좀 힘들지도 모르겠어요. 400포기 싣고 온다고 했거든요."
번호표를 나누어 주던 배추 아저씨가 미안해하며 사람들에게 말했다. 다솜이가 받은 표는 85번이었다.

잠시 뒤, 파란 배추를 가득 실은 트럭이 마트 앞에 섰다. 사람들이 줄 간격을 좁혀 다닥다닥 붙어 섰다.

배추 아저씨는 바쁘게 배추를 팔기 시작했다. 다섯 포기씩 든 망을 머리에 이거나 안고 가는 사람들의 얼굴이 무척 밝았다.

'못 사면 어떡하지?'

다솜이는 애가 탔다. 결국, 우려했던 대로 다솜이네 앞에서 배추가 동나고 말았다. 배추 잎사귀만 여기저기 널려 있었다.

"아이참, 한 사람당 3포기씩만 팔았어도 살 수 있었는데!"

아빠와 다솜이는 터덜터덜 집으로 돌아왔다.

엄마는 미리 준비한 양념 재료를 다듬고 있었다.

"엄마, 배추도 없는데 양념을 왜 만들어요?"

"응, 아까 아빠한테 배추 못 샀다는 전화 받고 인터넷에서 절임 배추를 샀어. 오른 배춧값이랑 별 차이가 없기에 얼른 샀지. 접속 폭주로 홈페이지가 다운될 정도였지만 엄마가 누구야? 가까스로 신청했지."

엄마가 손가락으로 마우스를 재빠르게 클릭하는 시늉을 하며 어깨를 으쓱거렸다.

"엄마의 인터넷 쇼핑 솜씨는 제가 잘 알죠."

"그거 칭찬인 거지?"

다솜이의 말에 엄마가 멋쩍은 듯 웃었다. 엄마와 다솜이의 대화에 아빠와 지민이도 깔깔대며 웃었다.

배추 아저씨가 들려주는 생생 경제

가격이 뭐예요?

배추 가격표에 4천 원이라고 쓰여 있는 것은 어떤 뜻일까? 배추 한 포기를 4천 원이라는 돈과 맞바꿀 수 있다는 뜻이야. 즉, 배추의 가치가 4천 원이라는 거지. 이렇게 **가격**이란, 사고파는 것의 가치를 돈으로 나타낸 걸 말해. 그런데 가격은 때에 따라 변하기도 해.

가격은 왜 변하는데요?

가격이 달라지는 건 **수요**와 **공급**이 달라지기 때문이야. 수요란 물건을 사고 싶어 하는 거고, 공급은 물건을 팔고 싶어 하는 거야. 수요량이 공급량보다 많으면 가격이 올라가. 배추를 사려는 사람은 많은데 배추가 부족하면 가격이 오르는 거지.

반대로 수요량이 공급량보다 적으면 가격이 내려가. 배추를 사려는 사람이 없으면 값을 내려서라도 팔려고 할 테니까. 이렇게 가격은 수요량과 공급량에 따라 오르락내리락하게 돼. 그러다 수요와 공급이 일치할 때 가격이 정해져. 이를 어려운 말로 수요 공급의 법칙이라고 해.

수요와 공급, 가격에 따른 시장의 변화

공급량이 수요량보다 많으면 가격이 내려간다.

가격이 내려가면 수요량은 늘어나고 공급량이 줄어든다.

가격이 올라가면 공급량은 늘어나고 수요량은 줄어든다.

공급량이 수요량보다 적으면 가격이 올라간다.

수요 공급의 법칙요?

물건을 사는 사람은 싸게 사고 싶어 하잖아? 그래서 가격이 올라가면 수요량이 줄어들고, 가격이 내려가면 수요량이 늘어나. 8만 원짜리 값비싼 장난감이 있다고 해 보자. 너무 비싸서 사는 사람이 많지 않을 거야. 그런데 가격이 확 내려 2만 원이 되면 사려는 사람이 많겠지? 이게 바로 **수요의 법칙**이야.

반대로 물건을 파는 사람은 비싸게 팔고 싶어 해. 그래서 가격이 올라가면 공급량도 늘어나고, 가격이 내려가면 공급량도 줄어들어. 값이 쌀 때 물건을 팔면 손해가 나니까 비싼 값에 팔아서 이익을 남기려고 할 거야. 이건 **공급의 법칙**이야.

가격은 이렇게 계속 변하다가 수요와 공급이 균형을 이루었을 때 결정된다는 게 **수요 공급의 법칙**이야.

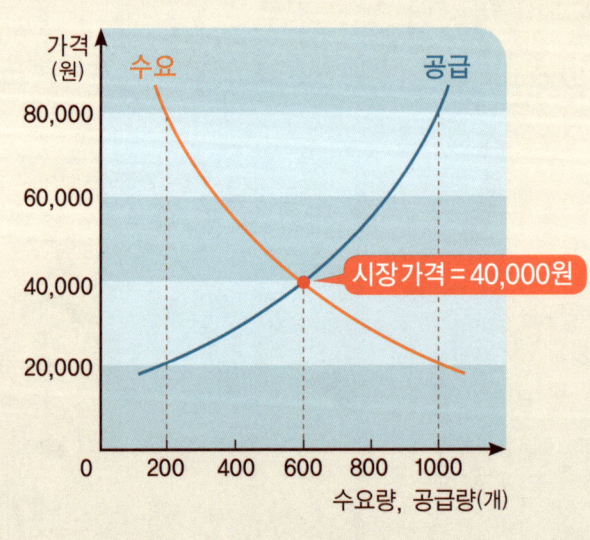

배춧값은 크게 오르락내리락하는데, 왜 연필값은 조금만 변해요?

연필처럼 공장에서 만들어지는 제품들을 **공산품**이라고 해. 공산품은 가격에 따라 쉽게 공급량을 조절할 수 있어. 가격이 오르면 공장에서 더 생산해서 공급량을 늘리고, 가격이 내려가면 물건을 창고에 보관해서 공급량을 줄일 수 있지. 그래서 가격이 크게 변하지 않아.

그런데 배추 같은 **농산품**은 가격이 올라가도 바로 더 생산해서 공급량을 늘릴 수 없고, 가격이 내려가도 오래 저장할 수가 없어서 공급량을 쉽게 줄일 수가 없어. 그래서 가격이 크게 오르내리는 거야.

> 명절에 사과나 배의 가격이 크게 오르면 정부가 창고에 저장해 두었던 것을 시장에 풀어 가격을 내려가게 조정하기도 해.

경제탐구 | 연필을 한 회사에서만 만든다면?

연필을 한 회사에서만 만들어 팔면 수량이나 가격을 연필 회사 마음대로 정하게 된다. 싼 물건도 비싸게 팔 수 있는 것이다. 이렇게 파는 사람이 하나뿐인 시장의 형태를 독점이라고 한다. 한 상품의 생산과 판매를 몇몇 소수의 기업에서 장악하는 건 과점이라고 한다. 과점의 경우도 이익을 많이 남기려고 회사들끼리 짜고 가격을 비싸게 매길 수 있다. 그래서 정부에서는 독점이나 과점이 이루어지지 않게 막아서 소비자를 보호한다.

마트에서 배우는 경제 이야기 5

돈

물건을 사고팔 때 꼭 필요한 게 뭘까?
바로 돈이야. 물건 값으로 주고받는 거지.
다른 말로 화폐라고 해. 지폐와 동전,
신용 카드 등이 모두 돈이야.

약속을 지키면 로봇이 생긴다?

엄마와 다솜이, 지민이가 식탁에 앉아 점심을 먹고 있었다.
"엄마, 또 콩나물이에요? 어휴, 지겨워."
지민이의 반찬 투정에 엄마의 핀잔이 이어졌다.
"골고루 먹어야 쑥쑥 잘 크지."
"그래도 안 먹을래요. 맛없단 말이에요."
"너 지난번에 반찬 투정 안 부리겠다고 새끼손가락 걸고 약속했 잖아. 벌써 잊었어?"
지민이는 입을 꾹 다물었지만 콩나물 무침은 먹지 않았다. 지민이가 자꾸 소시지 반찬만 집어 먹자 엄마가 소시지 반찬 접시를 휙 집어 들었다.
"소시지는 그만! 골고루 먹기로 한 약속 지켜야지!"

엄마가 단단히 마음을 먹은 듯 눈썹을 치켜세웠다. 지민이는 금세 울상을 지었다.

"죄송해요. 이제 안 그럴게요."

지민이가 어깨를 축 늘어뜨리고 눈물을 글썽이자, 엄마의 눈빛이 흔들렸다.

"알았어. 앞으로 약속 꼭 지켜야 해. 알았지?"

엄마의 미소에 지민이는 눈에 웃음기를 머금고 씩 웃었다. 그때 엄마의 말이 이어졌다.

"……라고 할 줄 알았어? 연기하는 거 다 알거든? 앞으로 일주일 동안은 네가 좋아하는 반찬은 없을 거야. 식탁을 온통 채소 세상으로 만들 테니까 그런 줄 알아."

엄마의 가시 돋친 말에 지민이가 움찔했다. 시무룩해져서는 깨작깨작 콩나물 무침을 집어 먹는 지민이의 모습에 다솜이는 피식 웃음이 났다.

점심상을 치우고 엄마와 다솜이, 지민이는 함께 마트에 갔다. 엄마는 채소 코너 쪽으로 총총 걸음을 옮겼다. 그사이 지민이는 변신 로봇 장난감 코너에 서서 눈을 떼지 못했다.

"누나, 이 비행기 로봇하고 자동차 로봇 중에 뭐가 더 좋을까?"

"글쎄, 상자를 열어 볼 수 없어서 잘 모르겠어."

"비행기 로봇이 더 나을 거다."

옆에서 장난감을 정리하던 점원 할아버지가 다정한 목소리로 말했다. 하얗게 센 머리카락이 멋진, 인상 좋아 보이는 할아버지였다.

"그걸 어떻게 아세요? 이거 열어 보셨어요?"

"여기 가격표를 보면 비행기 로봇은 3만 원이고 자동차 로봇은 만 원이라고 되어 있지? 어느 것이 더 비싸지?"
"비행기 로봇요."
"그래, 비행기 로봇을 사기 위해 돈을 더 많이 내야 한다는 건 그만큼 물건의 가치가 높다는 거야. 그리고 상자에 적힌 설명을 보면 비행기 로봇이 더 크고 변신할 수 있는 단계도 더 많다고 나와 있어."
"아, 가격으로 비교하는구나."
"가치를 나타내 주는 게 돈의 역할 중 하나지."
할아버지가 들고 있던 장난감들을 바닥에 내려놓으며 말했다.
"돈의 역할요? 그럼 돈이 다른 역할도 해요?"
"그럼. 물건이나 서비스로 쉽게 교환할 수 있고, 가지고 있으면 나중에 언제든 쓸 수 있으니 가치를 저장하는 수단도 되지."
"그 말은 제가 돈을 모아서 나중에 이 비행기 로봇을 살 수 있다는 말이죠?"
지민이의 말에 할아버지가 방긋 웃었다.
"제법 똑똑하네? 그래도 너무 오래 저장해 뒀다가는 지금 3만 원을 주고 살 걸 나중에 더 비싸게 사야 할 수도 있어."
지민이가 걱정스러운 표정을 지었다.

"그럼, 지금 사는 게 좋다는……."

지민이는 갑자기 주위를 두리번거렸다.

"엄마 어디 갔지?"

지민이는 저 멀리 채소 코너에 있는 엄마를 발견하고는 후다닥 뛰어갔다. 다솜이도 얼른 지민이 뒤를 따랐다.

"엄마, 오늘은 콩나물 안 사요? 맛있는 콩나물, 키를 쑥쑥 자라게 하는 콩나물 말이에요."

엄마가 고개를 갸웃거렸다.

"너 왜 이래? 별일이네."

그러면서도 엄마는 싫지 않은 듯 콩나물을 바구니에 담았다.

"엄마, 시금치는요? 건강에 좋잖아요. 아, 당근도 사요!"

이번에는 지민이가 직접 시금치와 당근을 가져와 바구니에 넣었다. 그 모습에 엄마가 지민이를 뚫어져라 쳐다보았다.

"이제부터 채소 잘 먹기로 약속했잖아요. 저는 약속을 잘 지키는 착한 아이라고요."

지민이는 엄마에게 환하게 웃어 보였다.

물건을 다 사고 바구니를 계산대에 올리자 점원이 물건의 바코드를 하나하나 찍으며 계산했다. 엄마는 준비해 간 에코백에 계산된 물건들을 차곡차곡 담았다.

"모두 2만7천 원입니다."
"어? 현금이 모자라네?"
엄마는 지갑에서 현금 대신 신용 카드를 꺼내 점원에게 건넸다.
"다팔아 마트 포인트 카드는 없으세요?"
"전화번호 입력할게요. 적립해 주세요."
 계산을 마치고 엄마가 신용 카드를 지갑에 넣으려는데 지민이가 엄마의 손을 붙잡았다.
"엄마, 그거 좀 줘 봐요."
 지민이는 신용 카드를 받아 들고 이리저리 살펴보았다.

"참 신기하단 말이야. 그냥 플라스틱 카드인데 어떻게 물건을 사는 거지?"
"신용 카드는 돈이랑 같아."
"어째서요?"
오늘따라 지민이의 눈빛이 더 반짝거렸다.
"신용 카드로 결제하는 건 나중에 돈을 갚겠다는 약속을 하고 미리 물건을 사는 거야. 은행에 일시적으로 돈을 빌리는 거지. 그래서 은행은 외상으로 물건을 사도 나중에 그 돈을 갚을 수 있는 사람, 즉 신용이 있는 사람에게만 신용 카드를 만들어 줘. 신용은 믿는다는 뜻이거든."
"지금 가진 돈이 없어도 물건을 살 수 있다니, 되게 좋다!"
"현금을 많이 가지고 다니지 않아도 되니까 편리하기도 해. 또 돈을 몇 달에 나누어 갚을 수 있다는 것도 좋은 점이지."
"나도 신용 카드 있으면 좋겠다. 공짜 카드! 아니, 요술 카드!"
지민이의 말에 엄마가 피식 웃었다.
"아니지, 나중에 갚아야 하고, 빌려 쓰는 만큼 이자도 내야 해. 절대 공짜로 쓰는 게 아니야."
"엄마, 빚을 지는 건 좋지 않잖아요."
다솜이가 걱정스러운 표정으로 말했다.

"맞아, 당장 돈이 없어도 신용 카드로 물건을 살 수 있으니까 펑펑 썼다가 나중에 못 갚아서 문제가 생기는 경우도 있어. 그러니까 신용 카드는 충분히 갚을 능력이 있을 때 쓰는 게 좋아."

엄마의 말에 다솜이와 지민이가 고개를 끄덕였다.

"엄마는 신용 카드 잘 안 쓰죠?"

"응, 엄마는 되도록이면 신용 카드보다는 현금을 쓰려고 해. 현금을 직접 내면 돈이 아까워서 덜 쓰게 되거든."

"엄마, 그래도 나는 신용 카드 하나 만들어 주세요."

엄마가 귀엽다는 듯 지민이 머리를 쓰다듬어 주었다.

"애들은 신용 카드를 못 만들어. 좀 전에 말했듯 소득이 있는 어른만, 그것도 신용이 좋은 사람만 만들 수 있어. 아마 콩나물 반찬 잘 먹겠다는 약속도 못 지키는 사람에게는 안 만들어 줄걸?"

엄마의 핀잔에 지민이가 뽀로통해져 입술을 쑥 내밀었다.

"누나, 우리 어른 되면 신용 카드 만들어서 갖고 싶은 거 다 사자. 알았지?"

다솜이는 웃으며 고개를 끄덕였다.

집에 돌아와서 지민이가 쪼르르 엄마 곁에 다가갔다.

"엄마, 저, 엄마가 읽으라는 책 다 읽었어요."

"그래? 잘했네."

"그런데 엄마……, 다음 달이 제 생일이잖아요."

지민이가 엄마 팔을 붙들고 애교 섞인 목소리로 말했다.

"그래서? 이렇게 엉기는 걸 보니 뭐 필요한 게 있나 본데?"

엄마의 말에 지민이가 씩 웃으며 고개를 끄덕였다.

"그게……. 제 생일 선물 미리 사 주시면 안 돼요? 아까 맘에 드는 비행기 로봇이 있었는데……."

"내 그럴 줄 알았어. 갑자기 막 채소를 사자고 할 때부터 이상하다 했더니. 후유."

엄마가 한숨을 쉬며 지민이를 앞에 앉혔다.

"지금은 안 돼. 이번 달에 네 생일 선물 사는 건 계획에도 없었고, 돈도 없어."

"엄마 신용 카드 있잖아요. 저도 이제 콩나물이랑 시금치, 당근 같은 채소 반찬 잘 먹을게요. 약속 잘 지키는 신용 있는 아이가 될게요."

지민이가 울상을 지으며 엄마를 졸랐다. 하지만 엄마는 단호하게 고개를 가로저었다. 지민이는 어깨를 축 늘어뜨린 채 방으로 들어갔다. 훌쩍거리는 소리가 방 밖에까지 들렸다.

다음 날, 학교에 가려고 현관문을 나서는 지민이의 뒷모습이 유난히 기운 없어 보였다. 그 모습을 지켜보는 엄마의 표정도 좋지

않았다. 다솜이는 쭈뼛쭈뼛 지민이 뒤를 따라갔다.

그런데 지민이가 학교에서 돌아와 보니 책상 위에 비행기 로봇이 놓여 있었다. 카드도 딸려 있었다.

지민이는 카드를 읽자마자 엄마에게 와락 안겼다.

"엄마, 빨리 콩나물 무침 주세요!"

"정말? 갑자기 콩나물 무침이 좋아진 모양이네? 얼마나 갈지 지켜볼 거야."

엄마는 빙그레 웃으며 지민이를 꼭 안아 주었다.

장난감 할아버지가 들려주는 생생 경제

돈은 왜 생겨났어요?

돈이 없던 시절에는 물건과 물건을 맞바꾸는 **물물 교환**으로 필요한 물건을 얻었지. 그런데 이때는 불편한 점이 많았어. 바꿀 물건을 항상 가지고 다닐 수도 없었고, 나한테 필요한 물건을 찾아도 상대방이 안 바꾸겠다고 하면 물물 교환을 할 수 없었거든. 그래서 필요한 물건을 간편하게 살 수 있게 **돈**이 생겨난 거야. **화폐**라고도 해.

옛날에도 지금 같은 돈을 썼어요?

옛날에는 소금이나 조개, 쌀, 가죽, 옷감 같은 걸 화폐로 썼어. 이런 걸 **물품 화폐**라고 해. 들고 다니기 무겁고 상하기도 했지. 그래서 금, 은, 청동 등 **금속 화폐**를 만들어 썼는데, 요즘은 지폐나 신용 카드를 많이 쓰고 있어.

옛날의 금속 화폐

건원중보
전해 오는 화폐 중 가장 오래된 고려 시대 화폐

은병
고려 시대에 은으로 만든 병 모양의 화폐

상평통보 초주단자전
우리나라 역사상 처음, 전국적으로 유통된 조선 시대 화폐

대동은전
1882년 은으로 만든 최초의 근대식 화폐

요즘의 돈

지폐
종이로 만든 화폐

동전
구리와 은 등의 금속으로 만든 화폐

신용 카드
플라스틱으로 만든 카드

돈의 가치가 변해요?

　지금은 3만 원에 살 수 있는 로봇도 몇 년 뒤에는 더 비싸게 사야 할지 몰라. 시간이 흐르면 화폐 가치가 떨어지기 때문에 물건 값이 오르거든. 몇 년 전에 천 원으로 살 수 있던 물건도 지금 사려면 천 원으로는 어림도 없어.

짜장면 평균 가격
(서울 기준)

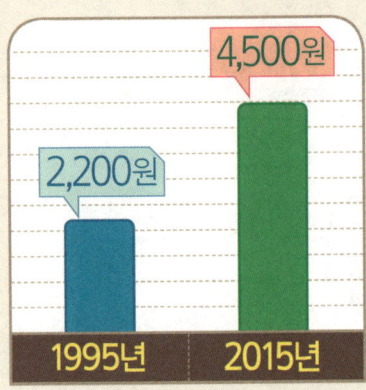

돈을 많이 찍어 내면 안 돼요?

　돈은 한국은행에서 조폐 공사에 의뢰해서 만들어. 돈을 마구 찍어 내면 사람들은 돈이 많아질 테니 물건을 많이 사려고 하겠지? 사려는 사람이 많으니 물건 값이 치솟을 거야. 이런 현상을 인플레이션이라고 해. 인플레이션이 일어나면 천 원짜리 과자가 만 원, 10만 원이 될 수도 있어. 즉, 돈의 가치가 떨어지고 물가가 올라 경제가 혼란스러워질 거야.

신용이 그렇게 중요해요?

경제생활에서 **신용**은 아주 중요해. 신용이 좋으면 신용 카드를 만들어 현금 대신 물건을 살 수 있고, 목돈이 드는 상품은 여러 번으로 나누어 갚을 수 있어. 또 갑자기 돈이 필요할 때 다른 사람이나 은행에서 돈을 빌릴 수도 있지. 약속을 잘 지키는 친구에게는 쉽게 학용품을 빌려주게 되지? 신용은 그거랑 같은 거야.

신용 카드가 있으면 가진 돈보다 더 많은 돈을 쓰게 될 수 있어서 신중하게 사용해야 해.

경제 탐구 | 카드 포인트

우리 주위에는 통신사 카드, 패밀리 레스토랑 카드, 주유소 카드, 미용실 카드, 서점 카드, 마트 카드 등 결제할 때마다 사용 금액의 일부를 포인트나 마일리지로 적립해 주는 카드가 많다. 이렇게 모은 포인트나 마일리지는 현금처럼 쓸 수 있다. 눈에 보이지는 않지만 카드 포인트도 지폐나 동전처럼 화폐의 역할을 하는 것이다.

마트에서 배우는 경제 이야기 ❻

세금

우리나라 국민이라면 누구나 세금을 내. 어린이는 안 내는 거 아니냐고? 모르는 말씀! 이미 세금을 내고 있을걸? 세금은 어떻게 걷고, 어디에 쓰이는지 알아보자.

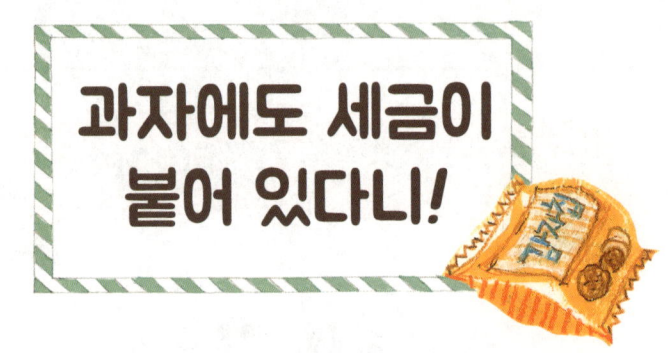

과자에도 세금이 붙어 있다니!

늦은 저녁, 다솜이와 윤후가 학원에서 돌아오는 길이었다. 공원 옆을 지나는데 전봇대의 가로등이 꺼져 있었다.

"야, 깜깜하니까 좀 무섭지 않아?"

다솜이가 몸을 움츠리며 주위를 두리번거렸다.

"그러게. 뭔가 튀어나올 것 같아……."

그때 갑자기 윤후가 다솜이 어깨를 꽉 붙들었다. 다솜이가 화들짝 놀라며 소리를 꽥 질렀다.

"엄마야!"

그 모습에 윤후가 깔깔 웃었다.

"야, 눈알 튀어나오겠다."

"너 가만 안 둬!"

다솜이가 주먹을 불끈 쥐고 여러 차례 꿀밤을 날렸지만, 윤후는 요리조리 잘만 피했다. 그사이 다시 환한 길로 접어들었다.

"그런데 아까 그 가로등은 대체 언제 고치는 거야? 꼬박꼬박 세금도 내는데, 빨리 고쳐야 하는 거 아냐?"

윤후가 짜증 섞인 목소리로 투덜거렸다.

"세금?"

"나라에서 국민에게 걷는 돈 말이야. 그 돈으로 나라 살림을 돌보는 거잖아."

다솜이가 고개를 갸웃거렸다.

"그래? 그런데 난 세금 낸 적 없는데? 세금은 어른들만 내는 거 아니야?"

"너 과자 먹을래?"

다솜이의 질문에 윤후가 엉뚱한 소리를 했다. 다솜이는 얼떨결에 고개를 끄덕였다.

마침 다팔아 마트 앞 매대에서 새로 나온 과자를 홍보하는지 행사를 하고 있었다. 윤후는 다솜이를 데리고 매대 앞으로 가서 과자 하나를 집어 들었다.

"과자 먹는 건 좋은데, 세금 얘기하다 말고 웬 과자?"

"여기 어디 부가 가치세가 적혀 있을 텐데……."

윤후가 과자를 이리저리 살펴보았다.
"부가 가치세?"
낯선 목소리에 윤후가 고개를 들어 보니 어느새 점원 누나가 바로 옆에 와 있었다. 새로 나온 과자와 똑같은 색의 귀여운 옷을 입고 있었다.

"누나, 과자에도 부가 가치세가 있지 않아요?"
윤후가 물었다.
"음, 너 이 과자 살 거야?"
윤후가 고개를 끄덕였다.
"그러면 계산하고 영수증을 봐. 그럼 바로 알 수 있어."
누나는 계산대에서 계산을 하고 영수증을 주었다.
"영수증에 물품가액 천 원, 부가세 백 원이라고 되어 있지?"
윤후와 다솜이가 뚫어져라 영수증을 살펴보았다.
"물품가액은 물건 값이야. 그리고 이 물건 값의 10퍼센트가 부가세, 즉 부가 가치세야. 나라에 내는 세금이지."
"우아, 그런 거예요? 나도 세금을 내고 있었네요?"
다솜이가 놀란 듯 말했다.
"과자나 음료수, 공책 등을 살 때 세금을 내는데, 이렇게 물건이나 서비스 요금에 붙어 있는 세금을 부가 가치세라고 해. 보통은 가격에 포함되어 있어서 세금을 낸다는 사실을 잘 몰라."
"그런데 왜 세금을 내야 해요? 나는 돈도 안 버는걸요."
다솜이가 고개를 갸웃거렸다.
"부가 가치세는 누구나 똑같이 내는 거야. 법으로 정해져 있어."
누나가 친절하게 설명해 주었다.

다팔아 마트를 나온 윤후와 다솜이는 집 쪽으로 걸음을 옮겼다.

"참, 그런데 가로등은 세금 하고 무슨 상관이야?"

"우리가 낸 세금으로 가로등도 설치하고 불도 켜는 거야. 학교도 짓고 도로나 다리도 만들고."

"그래?"

"빨리 집에 가서 엄마한테 가로등 불 나갔다고 주민 센터에 신고하라고 해야겠어."

술술 막힘 없는 얘기에 다솜이가 빤히 윤후를 쳐다보았다.

"너 똑똑한 줄은 알았는데, 어떻게 이런 걸 다 알아?"

"책에 다 나와. 그러니까 너도 책 좀 읽어."

"치, 잘난척쟁이!"

윤후의 핀잔에 다솜이가 입술을 쑥 내밀었다.

다솜이가 윤후와 헤어져 집에 돌아와 보니 아빠가 상을 펴 놓고 뭔가를 정리하고 있었다.

"아빠, 뭐 하세요?"

"연말 정산 자료를 정리하는 중이야."

"연말 정산요? 그게 뭔데요?"

"아빠가 회사에서 월급을 받을 때 나라에서 세금을 떼 가거든."

"세금은 나라에 돈을 내는 거잖아요."

"그렇지. 소득이 있는 사람, 그러니까 돈을 버는 사람은 누구나 돈을 버는 만큼 세금을 내야 해. 그래서 아빠도 내야 하고."
"하긴 소득이 없는 저도 부가 가치세 같은 세금을 내는데, 소득이 있는 사람은 오죽하겠어요?"
다솜이가 아는 체하며 말하자 아빠가 허허 웃었다.
"어쭈, 네가 부가 가치세를 안다니 놀라운데?"
"그럼요. 제가 사 먹는 과자나 음료수 같은 데 붙어 있는 세금이 부가 가치세잖아요."
다솜이가 어깨를 으쓱거렸다.
"그런데 아빠, 세금을 안 내면 어떻게 돼요?"
"아무도 세금을 안 내면 나라에서 쓸 돈이 없으니까 도로나 다리를 새로 짓거나 수리하지 못하게 될 거야. 유지비가 없으니 경찰도 없어지고 군인도 없어지겠지? 그리고 학교나 도서관 같은 시설들도 없어질 테고."
"아, 세금으로 정말 많은 일을 하네요. 그럼 학원도 없어져요?"
"어이구! 학원은 나라에서 세우는 게 아니잖아. 세금을 안 낸다고 학원이 없어지지는 않아."
아빠의 말에 다솜이는 아쉬운 표정을 지었다.
"아까, 연말 정산 얘기 마저 해 주세요."

"응, 연말 정산은 1년 동안 벌어들인 소득과 낸 세금을 다시 계산하는 거야. 1년 동안 세금을 많이 냈다면 그만큼 돈을 돌려받는 거지."

"덜 냈으면 어떡해요?"

"그럴 땐 더 내야지."

"그럼 우리 집은 더 낸 거예요? 덜 낸 거예요?"

"글쎄다. 그걸 알아보려고 소득 공제를 받을 수 있는 자료를 챙기는 거야. 자료를 잘 챙겨야 조금이라도 더 돌려받을 수 있으니까."

아빠는 대답하면서도 책상 위에 흩어진 여러 가지 서류에 바쁘게 눈길을 주었다. 다솜이는 아빠를 귀찮게 하지 않으려고 더는 묻지 않았다.

다음 날 저녁, 다솜이는 엄마 심부름으로 다팔아 마트에 참기름을 사러 갔다. 마트에서 나오면서 영수증을 살펴보니, 역시나 부가 가치세가 포함되어 있었다.

'오늘도 세금을 냈군. 우리나라 부자 되겠어.'

다솜이가 꺼진 가로등을 지날 때였다. 누군가가 가로등 아래에서 기웃거리고 있었다. 자세히 보니 모자를 푹 눌러 쓴 아저씨가 손전등을 이리저리 비추며 가로등 아래를 맴돌고 있었다. 그런데 갑자기 아저씨가 다솜이에게로 성큼성큼 다가왔다.
"내가……."
"꺅!"
다솜이는 깜짝 놀라 있는 힘껏 소리를 질렀다. 그러자 모자를 쓴 아저씨가 놀라서 멈칫거렸다.
"꺄악~!"
다솜이는 다시 한 번 크게 소리를 질렀다. 그러자 주위에서 금세 사람들이 몰려들었다.
"무슨 일이니?"

다솜이가 손가락으로 아저씨를 가리키자, 사람들이 아저씨를 에워쌌다. 당황한 아저씨는 연신 두 손을 저어 댔다.

"그게 아니라, 저는 신고를 받고 가로등을 고치러 왔어요. 그런데 나사를 떨어뜨리는 바람에, 어디 있는지 찾을 수 없어서 이 아이한테 좀 도와달라고 하려던 거였는데……."

아저씨가 억울하다는 듯 말했다. 그제야 다솜이도 놀란 가슴을 쓸어내렸다.

"죄송해요. 그런 줄도 모르고……."

다솜이는 고개를 숙여 사과를 했다.

"아니다. 내가 놀라게 해서 미안해."

아저씨도 미안하다고 사과를 했다. 주위를 둘러보던 한 아주머니가 허리를 숙이더니 무언가 집어 들었다.

"이게 혹시 잃어버린 나사인가요?"

아주머니가 주운 물건을 아저씨에게 건넸다.

"맞습니다. 고맙습니다."

아저씨는 가로등 사이에 나사를 넣고 만지작거렸다. 그러자 가로등에 불빛이 들어왔다. 그제야 아저씨의 안전 모자와 작업복이 보였다.

"그런데 누가 신고했지? 안 그래도 깜깜해서 불편했는데 잘됐

네, 잘됐어."
사람들이 고개를 갸웃거리며 말했다.
"아저씨, 수고하셨습니다."
"그래, 너도 조심해서 가."
다솜이와 아저씨도 웃으며 헤어졌다. 다솜이는
신고를 한 사람이 누군지 알 것 같아서 웃음이 났다.

과자 언니가 들려주는 생생 경제

세금을 안 내면 법에 걸려요?

세금은 나라의 살림살이에 필요한 돈을 마련하기 위해 국가가 국민에게서 거둬들이는 돈이야. 집안 살림을 꾸리려면 돈이 들듯이, 나라도 살림을 꾸리려면 돈이 들어. 그것도 아주 많이. 그래서 우리나라 국민이라면 누구나 세금을 내야 해.

국민들이 세금을 내지 않으면 나라는 돈이 없어서 국민을 위한 일을 제대로 할 수가 없어. 그래서 세금을 내는 것을 **국민의 의무**로 헌법에 정해 놓았지. 세금을 내지 않으면 법적으로 처벌을 받게 돼.

누구나 똑같이 내는 부가 가치세 말고 소득이나 재산에 따라서도 소득세나 재산세를 내는데, 세금을 얼마나 내야 하는지는 국회에서 법률로 정해. 소득이나 재산이 많은 사람은 세금을 많이 내고, 적은 사람은 그만큼 세금을 적게 내.

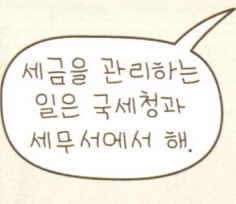

세금을 관리하는 일은 국세청과 세무서에서 해.

세금은 어디에 써요?

2013년 **세금 지출 내역**을 살펴보면 행정과 치안 쪽에 세금을 가장 많이 쓴 걸 알 수 있어.

기타
도로나 항만 등 경제 발전에 필요한 시설을 만들고, 국가의 경제 개발 및 예측할 수 없는 재난이나 사태에 대비하는 데 쓰는 비용

- 19.5% 기타
- 28.3% 행정·치안
- 20.8% 교육
- 15.9% 국방·외교·통일
- 15.5% 사회 복지·보건

행정·치안
공무원에게 급여를 주고 정부 기관을 운영하며, 범죄 예방과 범죄 피해자를 돕는 비용

교육
의무 교육과 학교 시설, 국민들의 직업 교육 등을 지원하는 비용

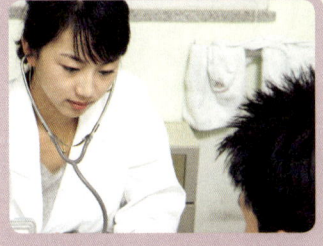

사회 복지·보건
국민 연금, 의료 보험, 직업 훈련 등 국민의 복지와 쾌적한 생활 환경을 조성하는 비용

국방·외교·통일
국민을 보호하기 위해 군대를 유지하고, 국제적 역할을 수행하며 통일을 위해 쓰는 비용

2013년 세금 지출 내역
기획재정부 자료

세금에는 어떤 종류가 있어요?

세금은 크게 **국세**와 **지방세**로 구분해. 국세는 정부가 거둬들여서 국민 모두를 위한 일에 써. 반면 지방세는 지방 자치 단체에서 거둬들여서 해당 지역의 주민을 위해 쓰지.

국세 관세와 내국세로 나뉜다

관세 수입품에 부과하는 세금

내국세 국민에게 부과하는 세금. 소득세, 부가 가치세 등이 있다.

지방세 도세와 시·군세로 나뉜다

도세 도에서 도민에게 부과하는 세금. 재산을 구입할 때 내는 취득세, 공공시설에 필요한 비용을 마련하기 위한 공동 시설세 등이 있다.

시·군세 시나 군에서 시민이나 군민에게 부과하는 세금. 집이나 땅 같은 재산에 부과하는 재산세, 자동차를 가진 사람에게 부과하는 자동차세 등이 있다.

부가 가치세를 따로 내면 안 돼요?

문방구에서 물감을 사면 부가 가치세를 내야 하는데, 사는 사람들이 일일이 세금을 따로 낸다고 생각해 봐. 할 일도 많고 번거롭겠지? 그래서 물감 값에 아예 세금을 포함시켜 문방구 아저씨가 대신 걷어서 내게 한 거야. 이렇게 세금을 내야 하는 사람과 실제로 내는 사람이 다른 세금을 **간접세**라고 해.

반면 소득세나 취득세처럼 세금을 내야 하는 사람과 실제로 내는 사람이 같은 세금은 **직접세**라고 해. 누구나 똑같이 내는 간접세보다 개인의 경제적인 상황, 소득이 적고 많음에 따라 다르게 내는 직접세가 많아야 투명한 사회라고 할 수 있어.

경제 탐구 - 어려운 이웃을 돕는 세금

우리 사회에는 잘사는 사람도 있지만 형편이 어려운 사람들도 있다. 이런 소득의 불평등으로 인한 생활의 차이를 줄이기 위해 나라에서는 사회 보장 제도를 운용한다.

사회 보장 제도란 나이가 들어 일을 할 수 없게 된 사람, 일자리를 잃은 사람, 소득이 적어 어려운 처지에 있는 사람들이 기본적인 생활을 할 수 있도록 국가가 도와주는 제도이다. 병원 치료를 받을 수 있는 국민 건강 보험, 나이가 들어 일할 수 없을 때 생활비를 주는 국민 연금, 가난한 사람들의 생계유지를 돕는 국민 기초 생활 보장 제도 등이 있다.

마트에서 배우는 경제 이야기 7

생산

나는 빵을 생산해. 우리 생활에 필요한 것을 만들어 내는 걸 생산이라고 하지. 그런데 빵을 생산하려면 필요한 것들이 있어. 좋은 재료와 나의 솜씨, 또 뭐가 필요할까?

멋쟁이 아저씨는 빵도 잘 만들어

"어휴, 전기밥솥이 고장 났네."

엄마는 시무룩한 얼굴로 전기밥솥 회사에 전화를 걸었다. 하지만 도무지 연결이 되지 않았다. 결국 엄마는 밥솥을 산 곳에 전화를 걸어 한참 통화를 하고는 벌게진 얼굴로 전화를 끊었다.

"왜요? 못 고친대요?"

다솜이가 걱정스러운 얼굴로 물었다.

"응, 이 회사가 없어져서 이제 생산을 안 한대. 부품이 없어서 고칠 수도 없고. 하긴 벌써 10년이나 지났으니까."

"생산을 안 해요? 이제 안 만든다는 거예요?"

"그래. 고칠 수도 없다니 밥솥을 새로 사야겠다. 저녁거리도 살 겸 다팔아 마트에 한번 가 봐야겠어. 같이 갈래?"

다솜이는 흔쾌히 엄마를 따라나섰다. 마트 구경은 언제나 재미있었다.

마트 앞에는 〈올해 목표 매출 달성 기념 – 증정품 행사〉라는 큼지막한 현수막이 붙어 있었다.

"엄마, 저게 무슨 뜻이에요?"

"장사가 잘되었다는 뜻이야. 목표로 세운 만큼 돈을 벌었다는 거지. 그래서 손님들에게 증정품을 주는 행사를 하나 봐. 우리도 한번 가 볼까?"

"아니요, 괜히 갔다가 필요도 없는데 충동구매 하면 어떡해요."

"아이고, 엄마가 다솜이한테 배우네."

엄마는 머쓱해하며 서둘러 전기밥솥을 파는 곳으로 갔다. 하지만 종류도 많지 않고 맘에 드는 제품도 없었다.

"내일 전자 제품을 전문적으로 파는 곳에 가 봐야겠다."

그때, 마트 한쪽에 있는 빵 코너에서 갓 구운 빵 냄새가 솔솔 풍겨 왔다. 다솜이는 엄마 손을 이끌고 빵 코너로 향했다.

바게트, 식빵, 초콜릿 머핀, 호두 스콘, 치즈 스틱 등 다솜이가 좋아하는 빵들이 고소한 냄새를 풍기며 진열되어 있었다. 시식용 빵을 한 조각 입에 넣자 다솜이는 절로 웃음이 났다.

"어때? 느끼하지 않고 고소하지?"

빵 가게 아저씨가 다가와 다솜이에게 말을 걸었다. 다솜이는 무심코 아저씨를 쳐다보다 깜짝 놀랐다. 배우처럼 잘생긴 데다가 앞치마를 두른 모습이 근사한 멋쟁이 아저씨였다.

다솜이는 빵 조각을 하나 더 집어 먹으며 아저씨한테 어떤 말을 걸면 좋을지 궁리했다. 똑똑한 아이로 보이면 좋겠다는 생각에 다솜이는 아까 엄마가 했던 '생산'이라는 말을 떠올렸다.

다솜이가 쌩긋 웃으며 아저씨에게 물었다.

"음~, 빵 진짜 맛있어요. 이거 아저씨가 생산한 빵이에요?"

"생산? 그렇지, 이 아저씨가 생산했지. 똑똑한 꼬마 숙녀가 맛있다고 하니까 기분이 좋네. 하하하!"

아저씨가 웃으니까 더욱더 멋져 보였다. 다솜이는 얼른 말을 이었다.

"이런 빵을 만들려면 뭐가 필요해요?"

"글쎄, 빵을 만들 수 있는 땅과 빵을 만들 재료, 그리고 빵을 만드는 사람이 필요하겠지? 어려운 말로 토지, 자본, 노동이라고 하는데, 이 세 가지를 생산의 3요소라고 해."

"생산의 3요소요?"

다솜이가 눈망울을 반짝이며 아저씨를 쳐다보았다. 아저씨가 씨익 웃으며 더 자세히 설명해 주었다.

잘생긴 아저씨가 어려운 설명을 척척 하는 걸 보니 더 멋있게 느껴졌다.

"멋진 아저씨가 만들어서 빵이 더 맛있나 봐요."

다솜이는 얼떨결에 속마음을 말하고서는 얼굴이 빨개졌다. 당황한 다솜이는 앞에 놓인 초콜릿 머핀과 바게트를 재빨리 빵 접시에 담아 계산대에 올려놓았다. 그 모습에 엄마가 피식 웃었다.

엄마와 다솜이는 저녁 반찬거리를 마저 사고 마트를 나섰다. 마트 앞에는 박스를 수거하는 할머니가 있었다. 다솜이도 가끔 보는 할머니였다.

그때 할머니가 박스를 손수레에 싣다가 넘어지고 말았다. 할머니는 금세 일어났지만 손수레에 쌓여 있던 박스들이 우르르 쏟아졌다. 엄마와 다솜이가 박스들을 주워 손수레에 실었다.

"아이고, 고맙습니다."

할머니가 허리를 숙여 인사를 했다.

"아니에요. 어디 다치진 않으셨어요?"

"괜찮아요."

할머니는 손수레에 박스를 묶기 시작했다. 엄마는 장바구니에서 머핀을 하나 꺼내 할머니께 건넸다.

"할머니, 일 끝나시면 이거 드세요."

"아닙니다, 아니에요."

할머니가 손사래를 쳤지만 엄마는 머핀을 손수레에 살짝 올려놓고 눈인사를 했다.

돌아서면서 다솜이가 엄마에게 말했다.

"다팔아 마트 박스는 저 할머니가 치우시나 봐요. 가끔 봤어요. 마트 사장님이 할머니가 가져가실 수 있게 하신 것 같아요. 사장님은 마음씨가 좋은 분인가 봐요."

멀리서 그 말을 듣고 있던 할머니가 빙그레 웃었다.

저녁에 퇴근해서 집에 온 아빠에게 다솜이가 물었다.

"아빠, 아빠 회사는 튼튼해요? 생산 잘하고 있어요?"

"응? 갑자기 그건 왜 물어?"

엄마가 대신해서 전기밥솥 회사가 없어진 일과 빵 가게 아저씨와 나누었던 대화를 전해 주었다.

"아빠 회사는 사장님이 경영을 아주 잘해서 없어질 일 없으니까 걱정 안 해도 돼."

"경영요?"

"경영은 토지, 노동, 자본으로 회사를 운영하는 능력을 말해."

"누가 회사를 경영하는데요?"

"큰 회사의 사장이나 작은 슈퍼의 주인 모두 경영인이지."

"그럼 다팔아 마트의 사장님도 경영을 잘한 거네요? 아까 보니까 올해 목표 매출을 달성했다고 증정품 행사를 하더라고요."

"그렇지. 올해 목표 매출을 달성했다면 경영을 아주 잘하고 있다고 할 수 있어."

"마트는 어떻게 경영하는데요?"

"마트 안에는 여러 코너가 있고 그 코너를 운영하는 사람들이 다 달라. 그래서 마트를 경영하는 사람은 어떤 곳에 어떤 코너를 만들어야 장사가 잘될지를 생각해야 하고, 또 마트 안에서 일하는 사람들도 잘 관리해야 해."

아빠 말을 들으니 다솜이는 마트 사장이 누군지 궁금해졌다.

며칠 뒤, 다솜이는 학원에서 오는 길에 엄마 심부름으로 다팔아 마트에 들렀다. 그런데 계산대에서 웅성거리는 소리가 들렸다.

"뭐? 안 돼?"

한 아저씨가 계산대 앞에서 프라이팬을 들고 화를 내고 있었다.

"살짝 떨어뜨렸는데 손잡이가 빠졌다니까! 바꿔 줘. 아니면 환불을 해 주든가."

아저씨는 계산대에 있는 점원 아주머니에게 짜증 섞인 목소리로 계속 반말을 해댔다.

"고객님, 죄송하지만 이건 그렇게 처리해 드릴 수 없습니다. 고객님께서 이미 프라이팬을 여러 번 사용하셨고 구입하신지도 여섯 달이 넘어서 교환이나 환불이 되지 않습니다."

계산대 아주머니는 기분이 상한 듯 보였지만 그래도 연신 공손한 말투로 아저씨를 상대했다.

"도대체 왜 안 된다는 말만 하는 거야? 뭐 이런 직원이 있어? 당신 말고 사장하고 이야기할 테니 당장 사장 나오라고 해!"

아저씨가 프라이팬으로 계산대를 탕탕 치며 크게 소리쳤다. 다솜이는 가슴이 두근거렸다.

그때 마트 앞에서 박스를 정리하고 있던 할머니가 손님에게 다가갔다.

"손님, 무슨 일이신가요?"

"할머니는 상관 말고 그냥 가쇼! 사장 나오라고! 사장은 왜 안 오는 거야? 사장 없어?"

"제가 여기 마트 사장이에요. 그러니 말씀해 보세요."

할머니의 말에 아저씨는 놀란 듯했다. 다솜이도 깜짝 놀라 눈이 휘둥그레졌다.

할머니가 나서자 아저씨의 말투가 조금 누그러졌다. 할머니는 아저씨의 설명을 듣고는 차분하게 말했다.

"네, 잘 알겠습니다. 손님 사정이 그러하니 교환해 드리겠습니다. 하지만 이후로 또 교환은 안 되니 양해 바랍니다."

할머니의 말에 아저씨는 고개를 끄덕였다. 새 물건을 받은 아저씨가 쿵쾅거리며 마트를 나가자 할머니는 계산대 아주머니의 등을 다독거렸다.

"이런 일 하다 보면 별의별 사람이 많으니까 이해하고 빨리 잊어버리세요. 알았죠?"

계산대 아주머니는 할머니에게 미소를 지어 보였다.

다솜이는 박스를 줍던 할머니가 다팔아 마트의 사장이라는 것이 도무지 믿기지 않았다.

'엄마도 엄청 놀라겠지?'

다솜이는 엄마 아빠에게 빨리 이야기를 하고 싶어서 입이 간질거렸다.

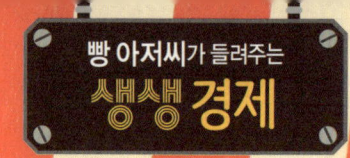

정확히 생산이 뭐예요?

우리는 날마다 많은 물건을 쓰고 서비스를 이용해. **생산**은 이렇게 사람이 살아가는 데 필요한 것을 만들어 내는 활동이야. 빵이나 옷, 자동차처럼 눈에 보이는 **재화**는 물론, 빵을 팔고 기계를 고치고 미용사가 머리카락을 자르고 의사가 병을 치료하는 일 같은 **서비스**를 만들어 내는 것도 모두 생산이지.

사람들은 자신이 속한 자연환경에서 힘과 노력, 기술을 더해 생활에 필요한 물질과 생산 도구를 만들며 살아왔어. 이러한 경험과 지식이 쌓이면서 산업이 점차 발전하고 사회가 커진 거야.

> 풍력 발전소에서 바람을 이용해 전기를 만들어 내는 것도 생산이야.

대관령 풍력 발전소

토지, 노동, 자본만 있으면 돼요?

생산을 하는 데 꼭 필요한 **토지, 노동, 자본**을 생산의 3요소라고 하지? 그런데 요즘에는 **경영**을 더해서 생산의 4요소로 보기도 해.

경영
토지, 노동, 자본을 이용해 회사를 운영하는 능력을 말한다.

토지
농사를 지을 땅, 공장이나 회사를 세울 땅 등을 말한다.

생산의 4요소

노동
물건을 만들기 위해 사람들이 들이는 노력과 힘이다. 집을 짓는 것처럼 몸을 직접 움직이는 육체적인 노동과 소설을 쓰는 것처럼 머리를 쓰는 정신적인 노동 등이 있다.

자본
물건을 만들 시설을 만들고, 기계와 재료를 사는 데 드는 돈을 말한다. 미용실의 경우 가위, 염색약, 의자, 거울 등이 모두 자본이다.

산업이 점차 발전했댔죠?

생산과 관련된 모든 활동을 산업이라고 해. 성격에 따라 **1차 산업, 2차 산업, 3차 산업** 등으로 구분할 수 있지. 사회가 발전하면서 1차 산업, 2차 산업, 3차 산업 순으로 발달했어.

1차 산업

논밭에서 곡식과 채소를 재배하고, 바다와 강에서 물고기를 잡고, 산에서 버섯을 캐는 등 생활에 필요한 것을 자연에서 얻는 산업이다. 농업, 수산업, 목축업, 임업 등이 있다.

2차 산업

나무로 가구를 만들거나 철로 선박이나 자동차를 만드는 것처럼 자연에서 얻은 자원을 재료로 새로운 물건을 만드는 산업이다. 광업, 제조업, 건설업, 중화학 공업 등이 있다.

3차 산업

1차 산업과 2차 산업에서 생산한 물건들을 소비자에게 판매하고, 사람들의 생활을 즐겁고 편리하게 해 주는 산업이다. 상업, 금융업, 운수업, 관광업, 서비스업 등이 있다.

한류 같은 것도 산업이에요?

외국 사람들이 우리 가요를 따라 부르는 모습 본 적 있지? 우리 문화는 세계 곳곳에서 인기를 얻으며 소비되고 있는데, 이를 한류하고 해. 이렇게 영화, TV 드라마, 대중음악, 게임, 나아가 음식과 패션에 이르기까지, 문화와 관련된 산업을 **문화 산업**이라고 해. 그러니까 한류도 문화 산업인 거야.

문화 산업은 기발한 아이디어가 있으면 다른 산업에 비해 큰돈을 들이지 않고 엄청난 수익을 낼 수 있어서 미래의 산업으로 주목을 받고 있어.

> 한국의 문화가 해외에서 인기를 끄는 한류 현상은 1990년대 말부터 시작되어 지금까지 계속되고 있어.

 **애프터서비스**

구입해서 사용하던 물건에 문제가 생겼을 때, 물건을 만든 회사는 애프터서비스(after service)를 한다. 에이에스(AS)라고도 하는데, 상품을 판 뒤에 일정 기간 점검이나 수리를 무료로 해 주는 것이다.

애프터서비스는 상품 선택의 중요한 기준이 된다. 서비스가 만족스러우면 다른 제품을 살 때도 같은 생산자의 제품을 살 수 있으므로 생산에서 서비스는 점점 중요한 항목이 되고 있다.

마트에서 배우는 경제 이야기 8

유통

고기가 먹고 싶을 때 가까운 정육점이니 마트에서 쉽게 고기를 살 수 있는 건 다 유통 덕분이야. 유통 과정이 없으면 고기를 사러 목장까지 직접 가야 할지도 몰라.

한우가 삼겹살보다 싸다고?

"흐음~, 맛있는 냄새!"

토요일 오후, 아빠는 지민이와 다솜이를 데리고 다팔아 마트에 왔다. 아침부터 둘이 합세해 고기 먹고 싶다고 노래를 불러 대니 안 올 재간이 없었다. 마침 정육 코너에서 아저씨가 시식용 삼겹살을 굽고 있었다.

지민이는 지글지글 고기가 익어 가는 불판을 뚫어져라 쳐다보다가 아저씨가 다 구운 삼겹살을 접시에 내려놓자마자 날름 하나를 집어 먹었다.

아빠는 냉장실에 진열된 쇠고기를 훑어보았다. 그런데 가격을 보고서는 고개를 갸웃거렸다.

"도매 시장에서는 한우 가격이 많이 내렸다고 하던데……. 여기 가격은 별로 안 싸네요?"

아빠의 물음에 정육점 아저씨가 불판의 고기를 뒤집으며 대답했다.

"도매 시장 가격이 내려도 저희는 며칠이 지나야 떨어진 가격으로 팔 수 있지 않을까 싶어요. 물론 그것도 어찌 될지 장담하기 힘들지만요……."

아저씨가 확신이 없는 듯 말꼬리를 흐렸다.

"왜요? 여기는 왜 도매 시장보다 비싸요?"

지민이가 너무 큰 소리로 묻는 바람에 아저씨가 당황한 얼굴로 설명했다.

"그게 말이다. 나도 도매 시장에서 고기를 사 오는 거야. 그러니까 여기서 도매 시장과 똑같은 가격으로 팔면 이익을 남길 수 없어. 손해를 보며 장사를 할 수는 없잖아?"

"그러면 우리한테만 좀 싸게 팔면 안 돼요?"

지민이가 스파이라도 된 듯 주위를 두리번거리며 입을 가리고 속삭였다. 아저씨가 귀엽다는 듯 씩 웃었다.

"꼬마 손님, 나도 싸게 주고 싶은데 그럴 순 없어. 대신 호주산 쇠고기는 어떨까? 가격도 싸고 품질도 좋은데……."

이번에는 다솜이가 고개를 갸웃거렸다.

"그런데 왜 호주산 쇠고기는 싸요? 멀리서 왔으니까 더 비싸야 하는 거 아니에요?"

"호주산 쇠고기 같은 수입 쇠고기는 워낙 많이 생산되기 때문에 생산 원가가 무척 싸. 게다가 많은 수입업체들이 대량으로 수입해서 중간 단계를 여러 번 거치지 않고 바로 팔기 때문에 한우보다 싼값에 팔아도 이익을 남길 수 있어."

아저씨가 열심히 설명했지만 다솜이는 아리송한 표정을 지었다. 지민이는 설명에는 관심이 없는 듯 노릇노릇 익어 가는 삼겹살을 쳐다보며 입맛을 다셨다.

"그러면 오늘 삼겹살을 할인하니까, 삼겹살을 먹는 게 어때? 아저씨가 덤으로 더 줄게."

아저씨가 아이들과 아빠를 번갈아 쳐다보았다.

"지민아, 다솜아, 꿩 대신 닭이라고 오늘은 쇠고기 대신 돼지고기로 할까?"

"좋아요!"

지민이와 다솜이의 힘찬 대답에 아빠가 웃음을 터뜨렸다.

며칠 뒤, 다팔아 마트에 현수막이 붙었다. 이번 토요일에 횡성 한우를 생산지에서 바로 가져와 판매를 한다는 것이었다. 삼겹살보다 싸게 판다고 진한 글씨로 쓰여 있었다.

아빠가 또다시 다솜이와 지민이를 데리고 마트로 향했다.

"이번에는 정말 싸게 파는 거겠죠?"

다솜이가 아빠에게 물었다.

"생산지에서 직접 가져온다니까 확실히 쌀 거야."

다팔아 마트에 도착해 보니 정육점 아저씨가 횡성 한우라고 적힌 어깨띠를 두른 채 열심히 한우 홍보를 하고 있었다.

"자, 여러분! 오늘은 신선하고 맛있는 '횡, 성, 한, 우'를 가져왔습니다."

아저씨는 횡성 한우라는 말을 강조했다.

"산지에서 직접 고기를 가져와서 평소보다 30퍼센트 할인된 가격으로 판매하고 있으니 많은 이용 바랍니다."

정육점 아저씨가 손님들을 끌어모았다. 순식간에 사람들이 북적북적 모여들었다.

"오, 확실히 싸네요."

"이참에 소고기 좀 먹어 볼까?"

사람들이 앞다투어 고기를 샀다. 아빠도 고기를 고르느라 정신이 없었다.

"아저씨, 생산지에서 가져오면 왜 싸요?"

궁금한 건 못 참는 지민이가 정육점 아저씨에게 물었다.

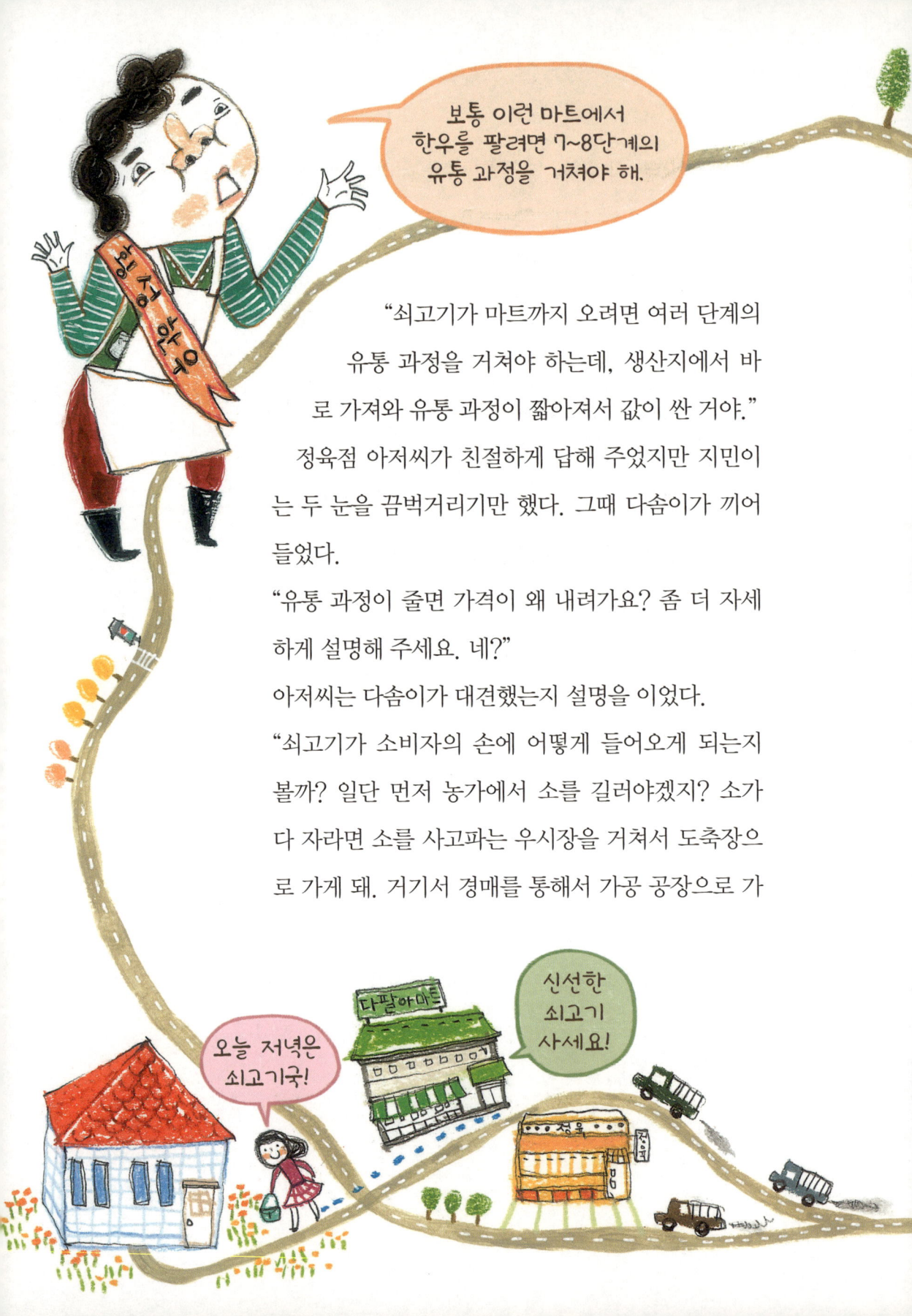

보통 이런 마트에서 한우를 팔려면 7~8단계의 유통 과정을 거쳐야 해.

"쇠고기가 마트까지 오려면 여러 단계의 유통 과정을 거쳐야 하는데, 생산지에서 바로 가져와 유통 과정이 짧아져서 값이 싼 거야."
정육점 아저씨가 친절하게 답해 주었지만 지민이는 두 눈을 끔벅거리기만 했다. 그때 다솜이가 끼어들었다.
"유통 과정이 줄면 가격이 왜 내려가요? 좀 더 자세하게 설명해 주세요. 네?"
아저씨는 다솜이가 대견했는지 설명을 이었다.
"쇠고기가 소비자의 손에 어떻게 들어오게 되는지 볼까? 일단 먼저 농가에서 소를 길러야겠지? 소가 다 자라면 소를 사고파는 우시장을 거쳐서 도축장으로 가게 돼. 거기서 경매를 통해서 가공 공장으로 가

신선한 쇠고기 사세요!

오늘 저녁은 쇠고기국!

고, 부위별로 나뉘게 돼. 그 뒤에도 도매상, 소매상을 거쳐서 소비자에게 오는 거야."
"고기 한 번 먹기 되게 힘드네요."
지민이가 고개를 절레절레 저었다.
"정말 여러 사람의 손을 거쳐서 오네요."
다솜이도 놀란 듯 말했다.
"그렇지. 각 단계를 거칠 때마다 인건비나 운송비, 보관비가 들어. 그래서 농가에서 소 한 마리를 약 600만 원에 팔았다고 해도 소비자에게 판매되는 가격은 약 900만 원에 이르게 돼."
"중간에서 그렇게나 가격이 올라요?"
"그래, 그러니까 오늘 많이 사 가렴. 알았지?"
아저씨는 씩 웃고는 다시 홍보를 시작했다.

"원하시는 부위가 없을 수도 있으니 빨리 사 가시는 분이 임자입니다!"

사람들이 계속해서 몰려들었다.

"그래도 이렇게 싸게 팔다니, 뭔가 이상해요. 이거 진짜 횡성 한우 맞아요?"

지민이의 당돌한 물음에 아저씨가 허허 웃으며 대답했다.

"깐깐한 손님이네. 그럼 이 고기가 어떤 고기인지 알아볼까?"

정육점 아저씨가 호주머니에서 스마트폰을 꺼냈다.

"축산물 이력제라는 게 있어. 소나 돼지 같은 축산물에 대한 정보를 알려 주는 건데, 여기 겉포장 스티커에 있는 이력 번호 12자리로 확인할 수 있어. 아니면 바코드나 QR코드로도 확인할 수 있고."

"이력 번호가 뭔데요?"

"말하자면, 소의 주민 등록 번호 같은 거야."

정육점 아저씨는 스마트폰에 쇠고기 이력 번호를 입력했다. 그러자 소에 관련된 내용이 떴다.

"자, 이 쇠고기에 대한 모든 게 나오지? 소의 원산지부터 소가 태어난 날짜, 소를 기른 사람의 이름, 소를 기른 곳, 도축일, 육질 등급까지 모두 알 수 있어."

정육점 아저씨가 자신만만하게 말했다.

"와, 정말 신기하다. 이렇게 하면 믿고 살 수 있겠어요."

지민이가 아저씨 말을 인정하듯 고개를 크게 끄덕였다.

"지민아, 이제 얘기 끝났니? 이 한우 사도 되겠지?"

아빠가 묻자 지민이가 재빨리 대답했다.

"그럼요! 한우 중에서도 최상급이래요. 게다가 가격도 저렴하니까 우리 많이 많이 사요."

아빠는 지민이가 좋아하는 등심과 다솜이가 좋아하는 갈비를 카트에 담았다.

"아저씨, 다음에도 이렇게 싸게 살 수 있어요?"

다솜이가 물었다.

"글쎄다. 오늘은 횡성 한우를 홍보하려고 이런 행사를 하는 거거든. 매번 싸게 팔 순 없지."

"그럼 싸게 사려면 어떻게 해야 해요?"

"그야 횡성에 가면 되지. 쇠고기 생산지니까 여기보다는 훨씬 싸겠지?"

얘기를 듣고 있던 지민이가 아빠를 돌아보며 말했다.

"아빠, 다음에는 횡성 가서 쇠고기 먹고 와요. 생산지에 가면 훨씬 더 싸다잖아요."

"하하하! 그건 좀 곤란한데?"

아빠가 귀엽다는 듯 지민이 머리를 쓰다듬으며 웃었다.

"왜요?"

"고기 먹으려고 거기까지 가면 배보다 배꼽이 더 클 거야. 횡성까지 두어 시간 가야 하니까 왕복 네 시간은 걸릴 거고, 기름 값에 고속 도로 통행료까지 더하면 여기서 사 먹는 게 훨씬 쌀걸?"

지민이 얼굴이 시무룩해지자, 아빠는 아차 싶어 얼른 말을 덧붙였다.

"그래도 나들이 삼아 한 번쯤 다녀오는 것도 나쁘지는 않지."

지민이의 표정이 금세 밝아졌다.

"정말요? 언제 가요? 다음 주? 아니면 다다음 주?"

"하하, 급하기는. 엄마랑 같이 상의해 보자."

집으로 돌아오는 지민이의 발걸음이 어느 때보다 가벼웠다.

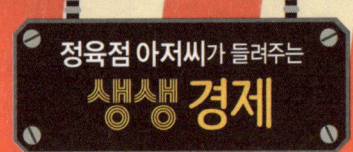

정육점 아저씨가 들려주는 생생 경제

꼭 유통 과정이 필요해요?

가까운 마트에서 쇠고기를 살 수 있는 건 쇠고기가 여러 단계의 유통 과정을 거쳐서 마트까지 운송되었기 때문이야. 물건은 물건을 생산하는 **생산자**에서 출발해 물건을 대량으로 파는 **도매업자**, 물건을 낱개로 파는 **소매업자** 등을 거쳐 **소비자**의 손에 들어오게 돼. 이런 유통 과정이 없다면 소비자는 필요한 물건을 구하러 일일이 생산자를 찾아다녀야 할 거야. 무척 힘들고 번거롭겠지?

유통 과정에 따른 가격 변화

생산자 → +1,000원 → 도매업자 +500원

+1,000원

유통 과정에는 어떤 비용이 들어요?

유통의 전체 과정을 거치는 데 드는 비용을 **유통 비용**이라고 해. 자동차나 배, 비행기로 상품을 옮기면 운반비가 들고, 창고에 보관하면 보관비가 들어. 판매를 하기 위해 상품을 진열하고, 광고하고, 판매 직원을 쓸 때도 비용이 들지.

여기에다 도매업자와 소매업자도 이익을 남겨야 해. 그래서 유통 단계를 거칠수록 유통 비용이 많아져서 물건 값이 올라가고, 유통 단계가 적을수록 유통 비용이 덜 들어서 물건 값이 내려가는 거야. 유통을 거친 상품은 중간에서 상품을 전달하는 사람들의 수고가 포함되기 때문에 생산지의 상품보다 가치가 더 높아져.

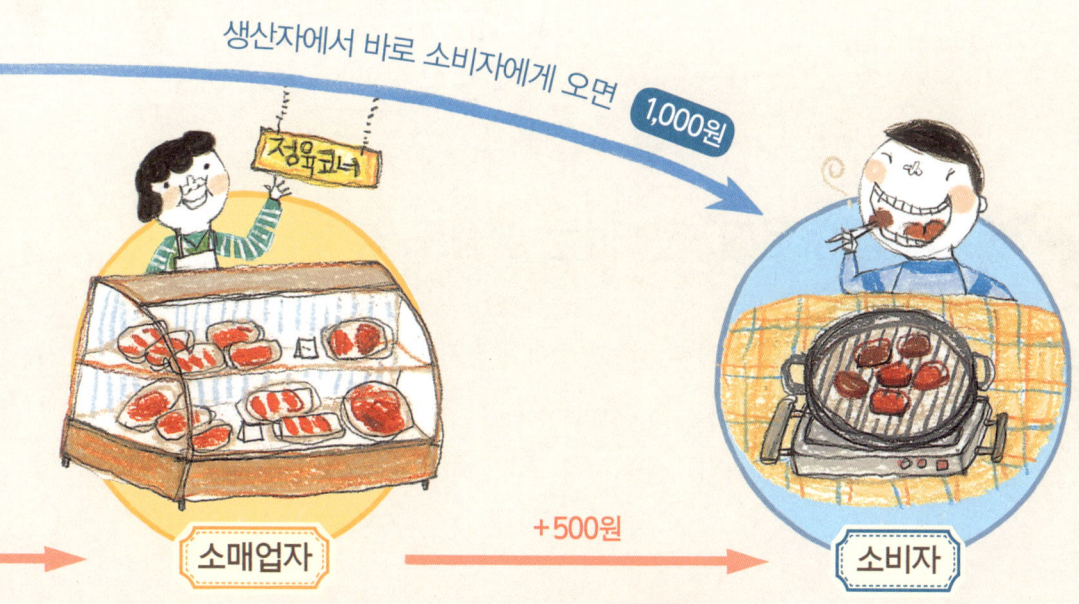

인터넷 쇼핑은 왜 더 싸요?

인터넷 쇼핑은 생산자에서 소비자에 이르는 유통 과정이 적어. 그만큼 유통 비용도 적게 들지. 또 매장 관리 비용이 따로 들지 않으니까 일반 소매점보다 가격이 비교적 저렴해. 생산자가 직접 운영하는 인터넷 사이트를 이용하면 값이 더 저렴할 거야.

인터넷 쇼핑은 상품의 가격도 쉽게 비교할 수 있고, 택배로 물건을 배송받을 수 있어서 편리한 점이 많아. 하지만 단점도 있어. 직접 물건을 보고 살 수 없으니 품질을 제대로 확인할 수 없고, 화면과 다른 물건이 올 수도 있어. 판매자가 소비자를 속이는 경우도 있으니까 꼼꼼히 따져 보고 신중하게 구매해야 해.

생산자와 소비자가 직접 만나 거래하는 걸 직거래라고 해. 직거래를 하면 물건을 더 싸게 살 수 있어.

특정 마트에서만 파는 상품도 있던데요?

백화점이나 대형 마트, 편의점 등에서는 자체 브랜드를 만들어 팔기도 하는데, 이런 상품을 PB(Private Brand) 상품이라고 해. 매장의 특성과 고객의 성향을 파악해서 독자적으로 만들지.

PB 상품은 식품이나 음료, 생활 용품까지 그 종류가 아주 다양해. 중간 상인을 거치지 않고 생산자한테서 물건을 바로 받기 때문에 유통 비용이 줄어들어. 가격이 비교적 저렴한 편이라 소비자들의 관심을 끌고 있지.

편의점 PB 우유
고객의 성향을 파악해 전에 없던 상품을 생산하기도 한다.

마트 PB 채소
생산자와 직접 거래하여 싼값에 물건을 가져온다.

경제 탐구 ₩ 소비자의 권리와 책임

소비자는 생산·유통 과정에서 문제가 발생한 상품을 구입하거나 상품을 사용하다 피해가 생기면 보상받을 권리가 있다. 소비자의 권리는 법으로 정해져 있고, 개인이 해결하기 어려운 문제는 한국 소비자원의 도움을 받을 수 있다.

동시에 소비자는 상품을 올바르게 선택하고 안전하게 사용할 책임 등을 가진다. 일부러 상품에 대한 불만을 제기하고 돈을 버는 소비자들도 있는데, 이들을 악성 소비자 또는 블랙 컨슈머(Black Consumer)라고 한다.

딱 하루 싸게 파는 커피를 사야 해

학교 가는 길에 다솜이는 윤후를 만났다.

"오늘 포스터 그리기 한다고 4절 도화지 준비하라고 했지?"

다솜이가 물었다.

"응, 우리 도화지 사러 햇살 문방구 가자."

윤후가 학교와 반대 방향을 가리켰다.

"왜? 거긴 학교에서 멀잖아."

"지금 거기 50퍼센트 세일해. 포스터 붙어 있는 거 봤어."

"그래? 네 눈도 쓸모가 있구나? 도화지 한 장에 2백 원씩 하니까 반값이면, 단돈 백 원이네?"

다솜이의 표정이 밝아졌다.

"그래. 이런 기회를 놓칠 수 없잖아?"

"맞아. 내가 그 말 하려고 했어."

윤후의 말에 다솜이가 재빨리 맞장구를 쳤다. 둘은 킥킥 웃으며 햇살 문방구로 향했다.

윤후 말대로 햇살 문방구 앞에는 세일을 광고하는 포스터가 붙어 있었다. 다솜이와 윤후는 문방구로 들어가 4절 도화지를 한 장씩 들고 백 원씩 내밀었다. 그런데 아저씨가 고개를 저었다.

"얘들아, 미안한데 4절 도화지는 10장씩 묶음으로만 팔아. 도화지 1장에 2백 원이니까 원래는 10장에 2천 원이야. 그런데 지금은 세일해서 10장에 천 원이고."

"1장씩은 안 팔아요?"

윤후의 말에 아저씨가 고개를 끄덕였다.

"둘이 왔으니까 각자 5백 원씩 내서 10장 사면 되겠네. 5장씩 나눠 가지면 되니까."

아저씨가 친절하게 설명하며 사라고 권했다.

"우아, 천 원이나 아끼는 거네."

다솜이가 선뜻 호주머니에서 돈을 더 꺼내려고 했다. 그때 윤후가 다솜이의 팔을 잡고 문방구를 빠져나왔다.

"왜 그래?"

"지금 당장은 천 원을 아끼니까 좋은 것 같지?"

"당연하지. 그럼 아니야?"

"다솜아, 우리 4절 도화지는 별로 안 쓰잖아. 도화지는 오랫동안 안 쓰면 구겨지고 색이 바래서 결국 버리게 될 거야. 차라리 학교 앞 문방구에서 2백 원을 주고 한 장씩 사는 게 나을 것 같아. 그러면 각자 3백 원도 덜 쓰고 환경도 보호하는 거야."

"그런가?"

윤후가 똑 부러지게 말하니 다솜이는 윤후 말이 맞는 것 같았다. 오늘따라 윤후가 왠지 멋져 보였다.

다솜이가 학교에서 돌아와 보니, 우편함에 전단이 여러 개 꽂혀 있었다. 싸다싸 마트와 다팔아 마트의 전단이었다.

"엄마, 이 전단들 그냥 버릴게요."

"다솜아, 잠깐만! 필요한 게 있을지도 모르니까 한번 살펴보고 버리자."

엄마는 설거지를 마친 뒤 전단을 펼치고 꼼꼼하게 살펴보았다. 모두 같은 기간에 세일을 했다. 그리고 할인이라는 말이 여기저기 쓰여 있었다.

"음, 싸다싸 마트에서는 우유 2개를 묶어서 1+1(원 플러스 원) 행사를 하네? 다팔아 마트에서는 50퍼센트 할인해서 팔고."

"어떤 걸 사는 게 더 좋아요?"

"어디 보자, 우리는 2개 살 건데 용량이 같으니까 한 개 더 받는 거나 반값에 사는 거나 값은 똑같아. 다솜이는 어떤 게 좋아?"

"저는 다팔아 마트 우유가 더 좋아요."

"왜?"

"엑스가 광고하잖아요."

다솜이가 우유 광고 모델인 아이돌 가수의 모습을 가리키며 흐뭇하게 웃었다.

"이 우유 회사가 마케팅을 잘했네. 네가 이 우유를 사자고 하는 걸 보니……."

엄마는 또 다른 것을 비교해 보았다.

"오, 커피도 행사를 하네. 안 그래도 필요했는데 잘됐다."

다솜이도 엄마를 따라 전단을 살펴보았다.

"커피는 두 곳 다 50퍼센트 할인해서 가격이 똑같아요. 그런데 싸다싸 마트에는 한정 판매라고 쓰여 있고 다팔아 마트에는 그런 말없이 딱 하루만 판다고 되어 있어요. 그런데 한정 판매가 뭐예요?"

"한정 판매는 준비한 일정 수량만 세일 가격으로 판다는 거야. 100개를 준비했으면 100개만 세일 가격으로 파는 거지. 그래서 사람들이 많이 몰리면 물건이 없어서 못 사는 경우가 많아."

"그럼 그 물건이 다 팔리기 전에 일찍 가야겠네요?"

"그렇지. 다들 똑같은 생각이라 마트 문이 열리자마자 우르르 가서 사게 되고, 그러면 물건은 순식간에 동나는 거야."

"늦게 도착한 사람들은 못 사서 아쉽겠어요."

"그래. 그래서 이렇게 가격을 낮춰 소비자를 유혹하는 상품을 미끼 상품이라고 해."

"미끼 상품요? 히히, 재밌다. 낚시하는 것도 아니고, 무슨 뜻이에요?"

다솜이가 재미있다는 듯 물었다.

"말 그대로 고객을 꾀어낸다는 거야. 값을 아주 싸게 매겨서 고객들이 마트에 오게 하는 거지. 하지만 수량을 적게 준비하기 때문에 못 사는 사람들이 많을 거야. 이 고객들은 자기가 원하는 물건을 못 사더라도 대부분 그냥 돌아가지 않아. 기왕 마트에 간 김에 다른 물건을 살 가능성이 높지."

"아아, 커피를 할인해 주고 다른 상품을 팔아서 이익을 남기는 거구나. 그럼 싸다싸 마트보다 다팔아 마트에서 커피를 사는 게 좋겠어요. 다팔아 마트는 한정 판매가 아니니까요."

"그렇지! 내 딸이 언제 이렇게 똑똑해졌지?"

"아이참, 엄마 딸은 원래 똑똑하다고요."

엄마의 칭찬에 다솜이가 활짝 웃었다.

"자, 그럼 우리 다솜이가 좋아하는 엑스 오빠들이 광고하는 우유랑 커피 사러 다팔아 마트에 가 볼까?"

엄마는 전단을 챙겨 다솜이와 함께 다팔아 마트에 갔다.

"엄마, 저기 커피 있어요."
 다솜이가 전단에서 봤던 커피를 발견하고는 엄마에게 알렸다. 진열대에 커피가 딱 하나 남아 있었다.

"요기 있었네."

엄마가 커피와 전단을 비교해 보는 사이, 어떤 아주머니가 후다닥 뛰어와 마지막 커피를 냉큼 가로채 장바구니에 쏙 담았다.

"어~, 어~."

엄마는 뭐라 말도 못하고 커피를 집으려던 자세 그대로 얼음처럼 굳고 말았다. 커피를 담은 아주머니는 뒤도 돌아보지 않고 콧노래를 부르며 계산대로 향했다.

엄마는 아주머니를 잠시 쏘아보고는 주위를 두리번거렸다. 그리고 근처에 있던 점원을 찾았다.

"여기 전단에 세일한다는 커피, 더 없나요?"

"아, 진열대에 없는 걸 보니 다 팔린 것 같네요."

"그럼 살 수 없어요?"

엄마가 아쉬운 표정을 지었다.

"물건이 없으니……."

점원 아주머니는 곤란한 표정으로 답했다.

"여기 좀 보세요."

엄마는 전단을 내밀었다.

"분명히 오늘 하루 동안 세일한다고 되어 있잖아요. 다른 건 한정 판매라고 적혀 있는데, 이 커피에는 그런 말이 없어요. 그래서 여유 있게 온 건데……."

엄마는 허탈한 듯 기운 빠진 목소리로 말을 이었다.

"한정 상품도 아닌데 물건을 충분히 준비하지 않고 팔겠다고 광고하면 어떡해요?"

"그게…… 그러니까……."

아주머니는 시원하게 대답하지 못하고 머뭇거렸다.

"엄마, 아까 뭐라고 했어요? 이끼 상품? 미끼 상품?"

다솜이가 고개를 갸웃거리며 말하자 엄마가 피식 웃었다. 점원의 얼굴은 더 빨개졌다.

그때, 마트 사장인 할머니가 다가왔다.

"무슨 일이지요?"

할머니가 묻자 점원이 사정을 설명했다. 할머니는 전단을 받아서 살펴보았다.

"아아, 전단에 한정 상품이라고 나갔어야 했는데, 실수로 글자가 빠졌나 봅니다. 죄송합니다. 저희 마트의 실수니까, 일단 할인된 가격으로 결제하고 가시면 내일까지 댁으로 보내드리겠습니다. 어떻겠습니까?"

"그래 주시면 고맙지요."

할머니의 말에 엄마는 고맙다는 인사를 하고 다솜이에게 몰래 윙크를 했다.

엄마와 다솜이는 우유를 사 가지고 집에 돌아왔다.

"엄마, 다음 달 엄마 생일에 립스틱 선물해 드리기로 했잖아요."

다솜이가 엄마에게 물었다.

"그런데?"

"그거 세일 기간 기다렸다가 나중에 드려도 돼요?"

엄마가 장난스럽게 다솜이를 째려보았다.

"절대 안 돼! 꼭 생일에 받을 거야."

다솜이의 난감한 표정에도 아랑곳하지 않고 엄마는 깔깔깔 웃었다.

커피 아주머니가 들려주는 생생 경제

다팔아 마트와 싸다싸 마트는 왜 경쟁해요?

그야 물건을 더 많이 팔아서 **이익**을 남기기 위해서지. 대부분의 기업들은 더 많은 이익을 얻으려고 다른 기업들과 **경쟁**을 해. 품질은 높이고 가격은 낮추지. 또 제품을 무료로 배달해 주거나 고장 난 제품을 무료로 고쳐 주는 등 더 편리한 서비스로 경쟁하기도 해.

마트에서는 왜 행사를 해요?

마트에서 우유나 과자, 채소 등을 테이프로 묶어서 파는 1+1(원 플러스 원) 행사 상품 본 적 있지? 아니면 특가 행사를 하거나. 이런 행사를 하는 이유 또한 소비자를 끌어모아 물건을 많이 팔기 위해서야. 이렇게 기업이 상품을 더 많이 팔기 위해 벌이는 여러 가지 활동을 **마케팅**이라고 해. 상품을 기획하고 판매하는 것 모두가 마케팅이지.

마케팅은 상품 판매에 큰 영향을 끼쳐. 똑같은 상품도 마케팅을 어떻게 하느냐에 따라 판매량이 달라지거든. 일반적인 마케팅 방법으로는 **시장 조사**, **상품화 계획**, **판매 촉진 활동** 등이 있어.

시장 조사

새로운 상품이나 서비스를 개발하기 전에 소비자가 뭘 원하는지, 경쟁 상품은 무엇인지 등을 조사한다.

상품화 계획

시장 조사를 바탕으로 소비자가 원하는 기능과 품질, 디자인의 상품을 언제, 어디서, 얼마나, 얼마에 팔 것인지를 미리 계획한다.

판매 촉진 활동

여러 가지 방법으로 수요를 늘려 판매가 늘어나게 하는 활동이다. 상품 묶어 팔기, 시식, 전단 배포, 광고 등이 있다.

광고도 마케팅인지 몰랐어요

광고는 아주 중요한 마케팅 방법 중 하나야. 기업이 돈을 들여 상품이나 서비스를 소비자에게 알리는 거지. 텔레비전 광고는 많이 봤지? 텔레비전, 라디오, 신문, 잡지, 인터넷 같은 매스컴 광고 매체를 이용하는 방법 외에 팸플릿을 우편으로 보내는 방법, 포스터를 붙이고 전단을 나누어 주는 방법 등 아주 다양한 방법이 있어.

다양한 광고물

신문을 이용한 광고

포스터를 이용한 광고

버스를 이용한 광고

TV를 이용한 광고

기업들은 광고를 해서 판매를 높이려고 애써.

문방구 세일도 마케팅이에요?

문방구 아저씨가 도화지를 싸게 팔면 이익이 별로 안 남을 것 같지? 하지만 **세일**을 해도 문방구는 손해를 보지 않아. 싸게 파는 대신 10장씩 묶어서 팔기 때문에 도화지를 많이 팔 수 있거든. 한 장씩 팔 때보다 남는 이익은 적어도 많이 팔면 그만큼 많은 돈을 벌 수 있지. 이것 또한 마케팅 전략이야.

이 밖에 소비자가 일정 기간 직접 사용해 보고 마음에 들지 않으면 돌려주는 **체험 마케팅**, 유명인이나 연예인을 통해 기업의 제품을 알리는 **스타 마케팅**, 어린이를 상대로 하는 **키즈 마케팅**, 스포츠 팀에 후원금을 주고 회사를 홍보하는 **스포츠 마케팅** 등 다양한 마케팅 활동이 있어.

경제탐구 - 키즈 마케팅

요즘은 가정에 아이가 많지 않아 부모들은 자녀에게 투자를 아끼지 않는 편이다. 이처럼 시장에서 어린이가 큰 영향을 미치기 때문에 기업에서는 키즈 마케팅을 한다.

레스토랑에서 키즈 메뉴를 내놓고, 햄버거를 사면 장난감을 주고, 은행에서는 어린이 경제 강좌를 열어 어린이의 관심을 모은다. 이런 키즈 마케팅을 하는 이유는 당장 매출을 높이려는 것도 있지만 어린이가 어른이 되었을 때 자연스럽게 해당 브랜드의 고객이 되게 하려는 의도도 있다.

마트에서 배우는 경제 이야기 10

무역

우리나라에서도 미국산 오렌지, 칠레산 체리 같은 외국 과일을 쉽게 살 수 있어. 외국에서도 TV나 스마트폰 같은 우리나라 상품을 살 수 있지. 이게 다 무역 덕분이야.

체리 사러 칠레까지?

　다솜이와 윤후는 학교 가는 길에 문방구에 들렀다. 지민이가 그림을 그리느라 다솜이의 색연필을 다 써 버리는 바람에 준비물인 색연필을 새로 사야 했다.
　"이거 어때?"
　윤후는 다솜이가 내민 색연필을 꼼꼼히 살폈다.
　"이것 봐. 메이드 인 차이나(Made in China)라고 쓰여 있어."
　"그래? 그럼 이거 중국에서 만든 거야?"
　다솜이는 다른 것을 집어 살펴보았다. 그런데 그것도, 그다음 집어 든 것도 모두 중국에서 만든 것이었다.
　"아저씨, 우리나라에서 만든 색연필은 없어요?"
　"저렴한 제품 중에는 없어. 아마 대형 문방구에나 가야 국산이 있을 것 같은데?"

"그러면 이거라도 사야겠다."

다솜이는 중국산 색연필을 샀다. 그리고 혹시나 해서 다른 물건들도 살펴보았다. 공책, 연필, 필통 등 중국산이 없는 게 없었다.

"우리가 쓰는 문구 중에 중국산이 이렇게 많은지 몰랐어."

"나도."

학교에서 돌아온 다솜이는 빨래를 개고 있던 엄마에게 색연필을 보여 주었다.

"엄마, 아침에 문방구에서 이 색연필 샀는데, 중국산이에요. 온통 중국산밖에 없더라고요. 왜 이렇게 중국산이 많아요?"

"뉴스 보니까 우리가 쓰는 공산품의 90퍼센트가 중국산이라고 하더라. 나무젓가락 같은 생활용품부터 디지털카메라 같은 전자 제품까지 중국산이 참 많지. 아무래도 중국산이 값이 싸니 많이 수입해서 그럴 거야."

"수입요?"

옆에 있던 지민이가 끼어들었다.

"다른 나라에서 만든 것을 사 오는 걸 수입이라고 해. 우리나라는 중국에서 수입하는 물건이 많아. 다솜이랑 지민이가 쓰는 물건 중에도 중국산이 많을걸?"

　엄마 말에 다솜이가 방으로 뛰어 들어가 여러 가지 물건들을 살펴보았다. 정말 대부분이 다 중국산이었다.
　"진짜 그러네요. 엄마, 그런데 중국산은 왜 싸요?"
　"가장 큰 이유는 인건비가 저렴해서야."
　"인건비요?"

"응, 일한 사람에게 주는 월급 말이야. 인건비가 싸니까 제품 값을 그만큼 싸게 매길 수 있는 거야. 중국 인구는 13억 명이나 되잖아. 그래서 세계의 많은 회사들이 중국에다가 공장을 지어. 그래서 중국을 '세계의 공장'이라고 부르기도 해."
엄마가 다솜이 옷의 태그를 살펴보았다.
"음, 이 옷은 베트남에서 만든 거네."
"어? 이건 우리나라 브랜드인데요?"
다솜이가 고개를 갸웃거렸다.
"옷은 베트남에서 만들지만 우리나라 상표를 붙여서 파는 거야. 주문자 상표 부착 생산 방식이라고 해. 쉽게 말하면 생산은 다른 곳에서 하고 상표만 붙여서 파는 거지."
"베트남도 인건비가 싸요?"
"베트남은 인건비도 싸지만 옷감 같은 재료도 풍부해."
"이런 방식이 좋은 거예요?"
"그렇지. 회사는 인건비나 재료비를 줄여서 물건 값을 낮출 수 있으니까 좋고, 물건을 만드는 나라는 국민들이 일을 하고 돈을 벌 수 있으니까 경제 발전에 도움이 되어서 좋지. 소비자는 싼 가격에 물건을 살 수 있고."
"좋은 점이 많네요."

고개를 끄덕이던 다솜이가 멈칫했다.

"그래도 중국산은 별로 안 좋잖아요. 뉴스 보니까 해로운 발암 물질도 나오고, 짝퉁 음식도 많고……."

"맞아, 맞아."

지민이가 맞장구를 치며 이맛살을 찌푸렸다.

"질이 떨어지는 중국산 물건들 때문에 중국 제품에 대한 인식이 나빠진 건 사실이야. 하지만 중국산이 모두 나쁜 건 아니야. 또 어떤 것들은 생산만 중국에서 하고 기술이나 재료는 다른 나라에서 가져와 중국산이라고 하기 어려운 것도 있어."

"그래도 난 우리나라 게 좋은 것 같아요."

엄마의 설명에도 지민이가 믿지 못하겠다는 듯 말했다.

"물론 중국산이 없으면 생활을 못 할 정도로 중국산이 많아진 건 문제야. 이건 우리나라뿐만 아니라 전 세계의 문제지. 중국산 제품이 전 세계를 뒤덮고 있으니까."

엄마가 걱정스러운 표정을 지었다.

"난 우리나라에서 만든 것만 쓸 거예요!"

"과연 그럴 수 있을까? 절대 쉽지 않을걸?"

지민이의 말에 엄마는 어림도 없다는 듯이 고개를 절레절레 저었다.

저녁에는 엄마와 다솜이, 지민이가 과일을 사러 다팔아 마트로 향했다. 과일 코너에는 외국에서 수입된 과일도 많았다.

"엄마, 여기 좀 보세요. 과일들 원산지가 다 달라요. 바나나는 필리핀산, 체리는 칠레산, 오렌지는 미국산, 자몽은 이스라엘산, 멜론은 남아프리카공화국산, 블루베리는 키르기스스탄산. 우아, 외국에서 들어오는 과일이 이렇게나 많은 줄 몰랐어요."

다솜이가 다양한 원산지에 놀란 듯 말했다.

"와! 체리 맛있겠다."

지민이가 체리가 있는 곳에 바짝 붙어 섰다.

"지민아, 우리 오늘 사과 사러 온 거지? 충동구매는 안 돼."

엄마의 말에 지민이가 시무룩한 표정으로 고개를 픽 돌렸다. 그러자 옆에 있던 점원이 다가왔다. 두꺼운 안경을 쓴 젊은 아저씨였다.

"체리 좋아해? 맛 좀 볼래?"

아저씨는 지민이를 옆에 있는 시식 코너로 데려갔다. 반짝반짝 윤이 나는 체리가 먹음직스럽게 놓여 있었다. 지민이는 이쑤시개로 체리를 콕 찔러 입에 넣었다.

"음~ 맛있다. 그런데 아저씨, 외국 과일이 진짜 많네요?"

"그렇지. 요즘에는 외국 과일을 많이 수입하니까."

"수입을 하지 않으면 이런 과일을 먹을 수 없어요?"
어느새 다가온 다솜이가 시식용 체리를 하나 먹으며 물었다.
"우리나라에서도 이런 과일을 재배하기도 해. 하지만 생산량이 적고, 외국 과일이 더 싸기 때문에 수입하는 거야."
"그럼 우리나라는 수입만 해요?"
"아니, 우리나라는 귤이나 단감 같은 과일을 외국에 팔아. 외국에 파는 건 수출이라고 해. 이렇게 나라 사이에 필요한 물건이나 서비스를 사고파는 것을 무역이라고 하지."
지민이의 물음에 아저씨가 친절하게 답해 주었다.
"그런데 왜 무역을 하는 거예요?"
"그야 우리나라에 없는 물건을 다른 나라에서 구할 수 있으니까. 나라마다 기후나 자연환경, 기술력이 달라서 잘 자라는 농산물이나 잘 만드는 공산품 등이 다 달라. 그래서 경쟁력이 있는 건 수출하고, 필요한 건 수입하는 거야."
"무역은 참 좋은 거네요?"
지민이가 연신 체리를 입에 넣으며 물었다.
"그렇지. 과일만 봐도 알겠지만 수입을 하니까 다양한 과일을 맛볼 수 있는 거야. 예전에는 바나나가 무척 귀했는데, 지금은 수입을 많이 해서 값싸고 흔한 과일이 되었어. 소비자 입장에서는 선택의 폭이 넓어진 거지. 그리고 기업도 무역을 하면 팔 수 있는 곳이 더 많아져. 핸드폰을 우리나라에만 팔면 10개 팔 것도 외국에 팔면 몇 배를 더 팔 수 있으니까."

아저씨의 말에 다솜이와 지민이가 고개를 끄덕였다.

"그래도 수입을 하면 그 나라에서 사는 것보다는 비싸죠?"

"그렇지. 체리는 칠레에서는 무척 싼 과일인데, 우리나라까지 오면서 운반비와 세금이 붙어서 현지보다 비싸져. 그래도 우리나라에서 생산되는 체리보다는 싸니까 수입을 해서 파는 거야."

"어쨌든 칠레에 가면 싼값에 체리를 많이 먹을 수 있는 거죠?"

"그야, 그렇지."

지민이가 엄마를 돌아보며 애교 섞인 콧소리로 말했다.

"엄마~, 우리 칠레 가서 체리 배 터지게 사 먹으면 안 돼요? 나, 체리 정말 좋단 말이에요. 네? 네?"

지민이가 엄마의 손을 꼭 쥐며 말했다. 지민이의 말에 엄마와 다솜이, 아저씨가 서로 얼굴을 마주 보고 씩 웃었다.

"아이고, 너 칠레가 어디 있는지 알고서 말하는 거야? 우리나라 반대쪽에 있는 나라란 말이야. 비행기로 꼬박 하루가 걸리는 먼 나라라고. 거기 가는 비행기 값이면 네 평생 질리도록 체리를 먹고도 남겠다."

다솜이의 말에 지민이가 괜스레 뒷머리를 긁적거렸다.

"그래도 체리 사러 칠레 갈래?"

다솜이가 놀리듯 말하자 지민이가 얼굴을 찌푸리며 다솜이의 옆구리를 툭 쳤다.

"어? 칠레 안 가고 누나를 칠래?"

다솜이가 옆구리를 움켜쥐며 아픈 시늉을 했다. 다솜이의 우스갯소리에 엄마가 깔깔깔 웃었다.

"체리 때문에 우리 아들이 칠레 가는 것도 싫고, 딸이 아들에게 맞는 것도 싫으니까 얼른 체리 사야겠다."

엄마가 체리 봉지를 장바구니에 담았다. 지민이는 신이 나서 엄마를 덥석 끌어안았다.

"역시 우리 엄마가 최고야!"

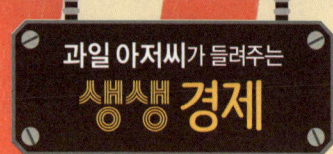

과일 아저씨가 들려주는 생생 경제

우리나라는 어떻게 무역을 하고 있어요?

우리나라는 외국에서 원료를 수입한 다음, 이를 가공해 제품을 만들고 다시 수출하는 **가공 무역**을 하는 것이 특징이야. 그래서 주로 원유, 천연가스, 석탄 같은 천연자원과 컴퓨터나 기계에 들어가는 부품을 수입하고, 반도체, 선박, 자동차 같은 기술력이 필요한 제품을 수출해.

세계 여러 나라와 무역을 하고 있지만, 전체 무역액을 따져 보면 주로 **중국**, **미국**, **일본** 등 몇 개 나라가 차지하는 비율이 높아.

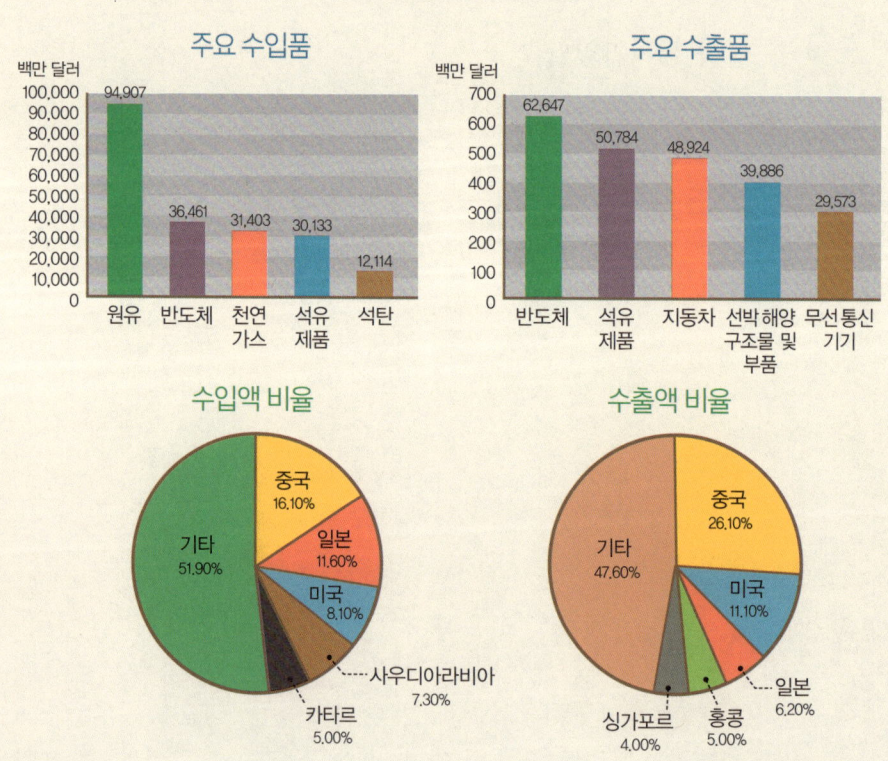

주요 수입품 (백만 달러): 원유 94,907 / 반도체 36,461 / 천연가스 31,403 / 석유제품 30,133 / 석탄 12,114

주요 수출품 (백만 달러): 반도체 62,647 / 석유제품 50,784 / 자동차 48,924 / 선박 해양구조물 및 부품 39,886 / 무선통신기기 29,573

수입액 비율: 기타 51.90%, 중국 16.10%, 일본 11.60%, 미국 8.10%, 사우디아라비아 7.30%, 카타르 5.00%

수출액 비율: 기타 47.60%, 중국 26.10%, 미국 11.10%, 일본 6.20%, 홍콩 5.00%, 싱가포르 4.00%

2014년 관세청 통관 자료

뉴스 보니까 TV 프로그램을 수출했대요

맞아. 무역을 할 때 꼭 물건만 거래하는 건 아니야. TV 프로그램이나 영화, 게임 같은 문화 콘텐츠뿐만 아니라 정보 통신, 의료, 교육, 금융, 유통, 운송 같은 다양한 **서비스**도 활발하게 거래되고 있어.

무역을 통해 상품과 서비스가 오가면서 자연스럽게 문화 교류가 이루어지기도 해.

나라마다 돈이 다른데 어떻게 무역을 해요?

무역을 하려면 각 나라의 화폐를 서로 교환할 수 있어야겠지? 그런데 나라마다 돈의 가치가 다르기 때문에 화폐를 교환하는 비율이 달라. 이렇게 두 나라의 화폐를 교환하는 비율을 **환율**이라고 하고, 화폐를 다른 나라의 화폐로 바꾸는 걸 **환전**이라고 해.

미국 돈 1달러는 우리나라 돈 1,100원 정도와 바꿀 수 있다.

2015년 6월 환율 기준

환율은 늘 똑같아요?

환율은 각 나라의 경제 사정에 따라 매일 달라지는데, 그 폭이 그리 크지는 않아. 그런데 환율이 큰 폭으로 요동칠 때가 있어. 환율이 크게 오르거나 내리면 수출과 수입에도 큰 영향을 미쳐.

1달러 환율이 1,000원에서 1,200원으로 오르면

수입업자
한 개 1달러인 물건을 1,000원에 사 오다가 1,200원에 사 와야 하기 때문에 손해를 보게 된다.

수출업자
한 개 1달러인 물건을 1,000원에 팔다가 1,200원에 팔 수 있기 때문에 이득을 얻게 된다.

1달러 환율이 1,000원에서 800원으로 내리면

수입업자
한 개 1달러인 물건을 1,000원에 사 오다가 800원에 살 수 있기 때문에 이득을 얻게 된다.

수출업자
한 개 1달러인 물건을 1,000원에 팔다가 800원에 팔아야 하기 때문에 손해를 보게 된다.

무역의 나쁜 점도 있어요?

　무역을 할 때도 세금을 내. 다른 나라에서 들여오는 상품에 붙는 세금을 **관세**라고 하는데, 관세가 많이 붙으면 다른 나라에서는 싼 제품도 우리나라에서는 비싸게 팔 수밖에 없어. 그래서 나라 간에 관세를 없애는 **자유 무역 협정**(FTA, Free Trade Agreement)을 맺기도 해. 협정을 맺어 관세가 없어지거나 낮아지면, 수입품 가격이 낮아져서 소비자는 싼 가격에 물건을 살 수 있어.
　그런데 이런 자유로운 무역으로 인해 피해를 보는 사람들이 생길 수도 있어. 우리나라에도 쌀이 나는데, 미국에서 더 싼 쌀을 수입하면 어떻게 될까? 우리나라 농산물이 가격 경쟁에서 밀려 팔리지 않게 되면 농부들이 피해를 보게 되겠지? 이와 비슷한 일들이 사회 곳곳에서 일어나면 우리나라 경제가 크게 흔들릴 수 있어.

경제 탐구 - 공정 무역

케냐, 브라질, 콜롬비아 같은 나라 등에서는 커피를 생산한다. 엄청난 자본력을 가진 기업들은 커피 농장에서 아주 많은 양의 커피를 한꺼번에 사들이는데, 이때 아주 싼값에 사기 때문에 농장에서 일하는 사람들은 제대로 된 일당을 받지 못한다. 열심히 일해도 계속 가난한 것이다. 이런 문제를 해결하기 위해 사람들은 직거래를 통해 커피 생산자에게 정당한 대가를 지불하고 커피를 사기 시작했다. 이를 착한 커피라 하고, 이처럼 생산자에게 공정한 대가를 지불하는 방식을 공정 무역이라고 한다.